L'art de l'équilibre

Diplomatie et stratégie
Collection dirigée par Emmanuel Caulier

Dernières parutions

Antonio MAPUA-BAMBISSA, *Transition periods as founding pillars of democracy and peace*, 2016.
Saoula SAID-SOUFFOU, *Pétrole et différends territoriaux dans l'océan Indien, Un défi pour la France*, 2015.
Fazil ZEYNALOV, *Le conflit du Haut-Karabakh. Une paix juste ou une guerre inévitable ? Approche historique, géopolitique et juridique. 2e édition revue et augmentée*, 2011.
Aristide Briand REBOAS, *Pour une politique de paix en Centrafrique*, 2015.
Bruno MIGNOT, *Mémento de stratégie d'influence à usage des dirigeants d'entreprise*, 2015.
Soula SAID-SOUFFOU, *La départementalisation de Mayotte, La sécurité de tout un peuple*, 2015.
Sékou OUEDRAOGO, *L'agence Spatiale Africaine*, 2015.
Olivier LAJOUS, *L'Art du temps*, 2015.
Chantal-Nina KOUOH, *Diplomates indépendants. Emergence d'un statut. La dynamique des diplomaties non gouvernementales à l'orée du XXIe siècle*, 2015.
Raymond H. A. CARTER, *Comment se défendre verbalement au quotidien. La parole, arme ultime de la « communication psychotactique »*, 2014.
Raymond H. A. CARTER, *Guide pratique de survie en zone urbaine et en campagne*, 2014.
Alain OUDOT DE DAINVILLE, *Faut-il avoir peur de 2030 ?*, 2014.
Lambert ISSAKA, *La grande chute*, 2014.
Abdul Naim ASAS, *Les enjeux stratégiques de l'Afghanistan*, 2013.
Guy SALLAT, *Décider en stratège. La voie de la performance*, 2013.
Arnaud MAILHOS, *Les travailleurs birmans dans le nord de la Thaïlande. Géopolitique d'un pays clandestin*, 2013.
Mehdi LAZAR, *Espace et histoire de l'université américaine, De Bologne à Harvard*, 2013.

Olivier Lajous

L'art de l'équilibre

Préface de Gilles de Robien

© L'Harmattan, 2016
5-7, rue de l'Ecole-Polytechnique, 75005 Paris

http://www.harmattan.fr
diffusion.harmattan@wanadoo.fr

ISBN : 978-2-343-09702-2
EAN : 9782343097022

SOMMAIRE

PREFACE Gilles de Robien 9
PROLOGUE 15

SURFEUR 27
LABEUR ET BONHEUR 33
BIENVEILLANCE ET EXIGENCE 57
CONFIANCE ET RECONNAISSANCE 65
AGILITE ET FRAGILITE 77
JE-NOUS 83
INNOVATION ET TRADITION 93
SENS ET FINANCES 115

EPILOGUE 127
POSTFACE Emmanuelle Duez 139

PREFACE

Gilles de Robien

Fichu Printemps !

La parution de « *L'Art de l'Equilibre* » vient, comme un rayon de soleil, embellir notre printemps pourri ; un paquet de vitamines dans le contexte dépressif dont la France a le secret. A l'inverse de la bien-pensance, Olivier Lajous rompt cette spirale mortifère et son ouvrage contient un vrai cadeau : valeurs et méthode pour une société plus harmonieuse.

Il y a du Diogène dans cet homme ; le philosophe qui cherche l'Homme ; ou celui qui, prisonnier, mis en vente sur le marché, ne craint pas d'affirmer aux marchands d'esclaves qu'il *sait gouverner* ! Ce qui lui vaudra la liberté. Mais Olivier Lajous fait aussi penser à l'Honnête Homme du XVIIe, moderne, modèle d'humanisme, qui, selon les historiens « *recherche l'équilibre entre le corps et l'âme, entre les exigences de la pensée et celles de la vie, l'idéal d'humanité.* »

Oui, Philosophe et gouvernant, voilà qui est trop rare, et je mesure donc la chance de connaitre et l'homme, et son ouvrage.

Car l'Amiral est un chef de guerre contre la morosité, celle dont on nous saoule à chaque instant, dans ce marathon du déclin annoncé. Ce jeudi, un hebdomadaire affiche, à tous les coins de rue, son titre racoleur : « *la vraie histoire du mal français.* » Mal, malédiction, notre pays va enfin connaître les origines de sa condamnation, qui est sans appel ! Et le *ça va mieux* présidentiel n'y fera rien : les eaux montent, comme le mécontentement ; le moral des Français baisse, comme les sondages.

Le Pays, traumatisé par les attentats, recroquevillé dans son état d'urgence, grelotte d'un fichu printemps, entre les giboulées de grêle et les grèves perlées ; et, puisqu'il n'est pas recommandé de sortir entre l'état d'urgence et les alertes oranges, la France s'enflamme et les Français s'insultent : trois mois sur la déchéance de nationalité, puis, trois mois pour ou contre l'article 2, dangereux pour les uns et vide pour les autres….

La France est encalminée dans un grand plat du cœur et de l'intelligence pourrait écrire l'Amiral Lajous. Mais il n'est pas homme à commenter l'actualité au fil de l'eau, et sa mission n'est pas de défiler sur les petits écrans. Olivier Lajous est un marin qui surfe sur l'énergie de la vague, qui déferle, et c'est *« dans l'agile et le fragile que le vivant trouve sa puissance créatrice. »*

Il est créateur. Créateur d'énergie positive. Créateur de clés rares et précieuses pour une réussite personnelle et collective. *« Rien ne se bâtît durablement sur du négatif »* assène-t-il. Au lieu de s'enfermer dans cette déprime collective, Olivier est un passeur de relais, pour aborder la vie en société, la vie en entreprise, sur un navire ou en famille. Pour que chacun utilise pleinement et optimise son libre arbitre et ses capacités au profit d'un ensemble.

Tout au long de ces pages, écrites avec finesse de plume et cœur débordant d'énergie et de bienveillance, l'auteur nous emporte, ou plutôt nous élève à la limite de la perfection humaine et de la sainteté collective, sans angélisme, pour autant. Il connait les égos, les comportements de repli, les corporatismes et bien d'autres écueils.

Mais il est clair qu'appliquées à tous et par tous, ses recommandations conduiraient à un monde plus juste. Car Olivier Lajous, philosophe, Honnête Homme, est un homme moderne. Il vit, lui aussi, dans un monde qu'il sait dangereux : son engagement militaire est un engagement pour la paix, et il sait que la mondialisation galopante fait peur à beaucoup.

Mais si les dangers existent bien, les réponses fusent et foisonnent, pour inviter le lecteur à surfer sur le changement, utiliser la synergie du mouvement comme levier de réussite, s'armer de valeurs humaines pour maitriser, au profit de l'Homme, les dernières découvertes technologiques. Il est étonnant de réussir à ce point la synthèse d'une pensée philosophique, éthique, humaniste, dans un monde aussi évolutif.

Certes, par modestie, Olivier Lajous nous rappelle qu'il puise ses modèles et son inspiration chez Pascal, Einstein, Teilhard de Chardin, Thomas d'Aquin et bien d'autres. Mais ce qu'il nous offre, c'est du Lajous ! avec son style, sa pensée et son immédiate mise en œuvre. C'est pourquoi cet ouvrage interpellera les philosophes, les sociologues et les économistes, et conseillera aussi bien les Chefs d'Etat que les chefs d'atelier ; et, surtout, il apporte des éléments essentiels et applicables à tous ceux qui se mobilisent pour une société plus humaine. « *Chaque sentinelle est responsable de tout l'Empire* » rappelle-t-il en citant Antoine de Saint-Exupéry.

Oui, le cadre hiérarchique se prête à la mise en place de vraies relations humaines ;

Oui, le bonheur est conciliable avec le travail …qui en tire même bénéfice ;

Oui, le chef peut être ému par la réalité humaine ;

Oui, la culture de l'humain doit guider le dirigeant ;

Oui, la nouvelle économie offre beaucoup d'opportunités et de liberté d'entreprendre ;

Oui, le nomadisme se révèlera facteur de cohésion sociale alors que la bunkérisation dessèche ;

Oui, l'autonomie est source de plus grande implication et le dialogue social source de compétitivité ;

Oui, la reconnaissance, autre que monétaire, est indispensable…dans la mesure où la première ne se substitue pas à la seconde !

Et c'est en abordant le chapitre « *Sens et Finances* » que j'attendais, au tournant, Olivier Lajous, car il s'agit de la grande interrogation de notre époque, suscitée par des dérives exponentielles, ces dernières décennies, même si l'auteur rappelle que cette question est récurrente. Pour St Thomas d'Aquin, déjà, « *l'accumulation ne se justifie que dans la générosité pleine de discernement, en vue du bien-être de la collectivité.* » Et la relation entre éthique et économie devient ténue, concède l'auteur, qui, toujours positif, préfère, face au libéralisme de Friedman, les initiatives qui se développent autour de la finance solidaire, des banques éthiques, de l'investissement socialement responsable…encore trop marginales.

Presque tout reste à faire dans ce « *partage du pouvoir, de l'avoir, du savoir et du vouloir* » admet-il. Avec humilité et clairvoyance, il pointe les excès trop connus et subits d'une spéculation financière triomphante. Mais, aussitôt, l'humaniste prend le dessus, pour apporter sa réponse : ce sera la démocratie sociale, cet équilibre entre le JE et le NOUS.

Après cette leçon de vie, cette invitation à l'équilibre de nos vies individuelles et collectives, citoyens du monde, nous sommes tous interpellés. Mais j'ai ressenti dans le message universel d'Olivier Lajous, qu'il s'adressait davantage encore à nos compatriotes, parce qu'ils doutent plus que d'autres, en ce printemps du troisième millénaire.

La lecture de « *l'Art de l'équilibre* » leur sera plus utile que beaucoup de discours officiels. « *Ce qui me frappe le plus dans les affaires de ce monde, ce n'est point la part qu'y prennent les grands hommes, mais plutôt l'influence qu'y exercent souvent les moindres personnages de l'histoire »* écrit Tocqueville, qui ajoute *« Je connais mon pays. Je ne vois que trop bien ses erreurs, ses fautes, ses faiblesses et ses misères. Mais je sais ce dont il est capable... Seul, il peut, à un certain jour, prendre en main la cause commune et combattre pour elle.* [1]

Le lecteur trouvera dans ces pages, les chemins et l'élan pour prendre en main la cause commune.

Bel été à tous les lecteurs de « *l'Art de l'équilibre.* »

---

1. Alexis de Tocqueville, philosophe et homme politique français (1805-1859) dans Notes et Pensées (œuvre posthume).

PROLOGUE

Durant plus de quarante ans, ma vie professionnelle m'a amené à côtoyer de nombreux dirigeants de différentes organisations, dans le secteur public comme dans le secteur privé : administrations, armées, associations, églises, entreprises, fondations, médias, ministères, mutuelles, syndicats.

Ma vision des organisations et des hommes s'est ainsi, peu à peu, enrichie de ces rencontres. Cela m'a conduit, et me conduit encore, à m'interroger sur les organisations, leurs vérités, ainsi que sur les qualités des dirigeants, en un mot sur l'équilibre, celui de tous les contraires, qui font l'énergie de notre univers et de sa nature vivante, entre chaos et création, comme suspendu dans l'espace, à l'image des globes de Coronelli. Une infime modification, dans l'équilibre du système solaire, suffirait à entraîner notre planète bleue dans le chaos, et nous avec. Alors oui, s'il est une vérité, c'est bien celle de l'équilibre, résultat unique de multiples déséquilibres.

La vérité

« Non seulement je suis sûr que ce que je vais dire est faux, mais je suis également sûr que ce que l'on m'objectera sera faux. Et pourtant il n'y a pas d'autre choix que de se mettre à en parler. » Le romancier autrichien Heimito Von Doderer aimait introduire ses conversations sous cet angle inattendu[2].

---

2. Heimito Von Doderer, romancier et scénariste autrichien (1896-1966) dans Démons (1956).

La vérité est quelque chose qui, logiquement, ne devrait pas créer le doute. Et pourtant, Pascal, lui aussi nous invite à douter de la vérité : « *L'erreur n'est pas le contraire de la vérité : c'est l'oubli de la vérité contraire.* »[3]

En réalité, la vérité n'est rien d'autre que le résultat de notre subjectivité et de notre affectivité, des jugements que nous portons sur les gens, les choses ou les faits, en fonction de notre éducation, de nos croyances, de notre expérience, de notre caractère, de nos préjugés, de nos complexes, etc.

Plus intimement encore, elle est le fruit de nos déterminants comportementaux, eux-mêmes issus de notre profil cérébral : cortex droit ou gauche, limbique droit ou gauche ? [4] L'outil *Prédom* permet l'analyse de nos comportements, à partir d'un questionnaire qui, rapporté aux octants de notre cerveau, fait apparaître nos capacités à échanger, ressentir, défricher, concevoir, raisonner, évaluer, réaliser et administrer. Il est un indicateur, parmi d'autres, de nos comportements. Nous ignorons le plus souvent nos vrais talents, tant nous sommes conditionnés par notre histoire personnelle, riche d'innés et d'acquis.

Plutôt que de voir les faits tels qu'ils sont, nous les interprétons en fonction des déterminants de nos comportements, eux-mêmes influencés par notre environnement. Rationnel, concret, visionnaire ou communiquant, nous sommes, tour à tour, victime et héros, enfant et parent, sauveteur et persécuteur. Toutes ces tendances sont présentes en nous et s'équilibrent plus ou moins subtilement, selon les circonstances, dans le croisement de nos vies affectives, sociales et professionnelles.

---

3. Blaise Pascal, philosophe français (1623-1662), dans Les Pensées (1669).
4. Cf. profil Prédom proposé par Arthusa, www.arthusa.com

« Quiconque prétend s'ériger en juge de la vérité et du savoir s'expose à périr sous les éclats de rire » écrit Einstein[5]. Cela doit nous inciter à beaucoup d'humour, subtil mélange d'humilité et d'amour, et à ne pas nous croire supérieur ou inférieur aux autres, mais simplement un dans la multitude, un qui peut et doit sans cesse être en mouvement et questionnement, soucieux de grandir en connaissance et partage, humble et aimant devant le mystère sans cesse renouvelé de l'équilibre fragile et agile du vivant.

« La vérité, ce n'est pas ce qui se démontre, c'est ce qui simplifie »[6]. Par cette réflexion, Antoine de Saint Exupéry nous propose une approche sage et pragmatique de la vérité. Très rares sont les situations complexes qui ne peuvent se décliner en séquences simples, quand il s'agit de décider et d'agir. Peu importe que ce soit vrai ou non, l'important est que ce qui est compris, imaginé, réalisé et ressenti, ait des conséquences positives pour l'organisation, et plus encore pour les hommes et les femmes qui vivent cette vérité.

Est faux ce qui n'est que théorie, dogme ou concept, oubliant que l'humain est la seule véritable richesse des organisations, richesse qu'aucune formule ne peut résumer, car l'Homme est émotion et non équation.

Edgar Morin écrit : *« Connaître et penser, ce n'est pas arriver à une vérité absolument certaine, c'est dialoguer avec l'incertitude ».* [7] L'incertitude est bien le principe premier de nos vies humaines, et il faut la considérer comme une raison d'agir plutôt que de la subir

---

5. Albert Einstein, physicien allemand (1879-1955) dans Comment je vois le monde (1934).
6. Antoine de Saint Exupéry, écrivain français (1900-1944) dans Terres des hommes (1939).
7. Edgar Nahoum, dit Morin, sociologue et philosophe français dans Les sept savoirs nécessaires à l'éducation du futur (2000).

craintivement, ou vouloir la repousser loin de nos vies, au nom d'un principe de précaution, sans doute utile à la prévention des risques, mais jamais garant d'une sécurité absolue. Cette posture est remarquablement argumentée par Philippe Gabilliet dans *Eloge de l'audace*. [8]

La vérité est sans doute là, quelque part au cœur de l'incertitude qui nous pousse à agir pour ne pas subir. Elle est un subtil équilibre entre raison et passion, équation et émotion, exigence et bienveillance, agilité et fragilité, liberté et responsabilité, sens et gouvernance, etc.

Les organisations

On me demande souvent quelles sont les clés de l'efficacité collective dans les organisations, en particulier pour celles régulièrement confrontées à des enjeux et à des niveaux de risques élevés.

Les modèles ne manquent pas de structures, en apparence efficientes, et il est alors tentant de s'y référer. C'est oublier que chaque avers de médaille a son revers – pour ne pas dire ses travers - ses spécificités et ses particularités. Qui ne s'est jamais entendu dire : *« oui, mais nous, nous sommes spécifiques, uniques, différents ? »*

En effet, chaque organisation a ses propres rythmes et rites, et des raisons légitimes d'être spécifique. Pour autant, faut-il en conclure qu'il n'existe pas de points communs dans le monde des organisations ?

Un ami me disait qu'après plusieurs années passées à scruter les usages des comités de direction et des équipes

---

8. Philippe Gabilliet, professeur en comportement organisationnel, à l'ECSP Europe, et auteur de plusieurs ouvrages dont Eloge de l'audace, éditions Saint-Simon (2015).

managériales, il avait constaté que s'il y avait des organisations qui fonctionnaient plutôt bien, et d'autres beaucoup moins bien, c'était bien souvent un problème d'équilibre de leur assise.

Il comparait les organisations à un tabouret à quatre pieds et disait que, pour qu'il soit équilibré, il était préférable que ceux-ci soient solides. Certains disent qu'un tabouret à trois pieds est plus équilibré. Je trouve dommage de se priver d'un quatrième pied ; il en reste trois, si l'un casse !

Quelle que soit sa finalité opérationnelle, quatre pieds sont indispensables au bon fonctionnement d'une organisation : le projet, la méthode, le chef et l'équipe.

Le projet

Sans projet clairement identifié, expliqué et partagé, il est difficile de rester *stable au cap,* comme disent les marins.

Un projet, c'est ce qui fonde l'existence, la crédibilité, l'efficacité et l'identité d'une personne, d'une entreprise, d'une Nation ou d'un groupe de Nations construisant leur avenir commun.

Les quatre pieds du tabouret deviennent alors le cerveau (la politique), le cœur (le social), les muscles (l'économie) et le squelette (le droit). Cerveau, cœur, muscles et squelette doivent s'équilibrer en permanence pour que le corps vive en bonne santé. Trop de cerveau et pas de cœur, ou trop de squelette et pas de muscles, tout déséquilibre menace la survie du corps vivant et pensant d'une organisation.

La méthode

« Il vaut mieux avoir une mauvaise méthode plutôt que de n'en avoir aucune. » [9] En l'absence de méthode de travail, comment mobiliser, au bon moment, le talent de chaque collaborateur ? Comment éviter les incompréhensions et les frustrations, sources de découragement ou, pire, de fatalisme ? Tout repose finalement sur la confiance, c'est-à-dire la possibilité donnée à chaque membre de l'organisation de pouvoir exprimer et développer en toute liberté et responsabilité ses capacités, en les mettant au service du projet, et en sachant pouvoir compter sur la solidarité du groupe faite de bienveillance et d'exigence bien plus que d'assistance démobilisatrice ou de règles contraignantes venues *« d'en haut. »*

Le chef

Sans chef, sans commandant à bord du navire, ça peut peut-être aller…mais combien de temps ? et avec quelle probabilité de finir à la côte dès la première tempête ? Le chef, c'est celui qui sait se faire à la fois obéir et aimer. Ce n'est pas celui qu'on impose de l'extérieur, c'est celui qui s'impose de l'intérieur et à l'extérieur, celui qui incarne le sens, la confiance, l'espérance et la patience, celui qui donne l'envie d'oser entreprendre ensemble.

Saint-Exupéry écrit : *« La grandeur d'un métier est peut-être, avant tout, d'unir des hommes ».* [10] Le chef ne se reconnaît ni à l'intensité de son regard, ni à la

---

9. Général Charles de Gaulle, écrivain et homme d'Etat français (1890-1970) dans Le fil de l'épée (1932).
10. Antoine de Saint Exupéry, op.cit.- page 15.

proéminence de son maxillaire, ni au tranchant de sa voix, ni à son costume ou à ses titres et diplômes. Le chef ne se définit pas par des signes extérieurs de pouvoir. Il est celui qui prend la charge des autres et se met à leur service, et au service de la mission qui les réunit. Réussir ensemble est son défi.

Ainsi, être chef ne consiste pas seulement à faire preuve de vigueur, d'éloquence, d'intelligence, d'audace ou d'habileté. Être chef ne consiste pas non plus à rassembler autour de soi des adhésions sentimentales ou des intérêts.

Être chef consiste, essentiellement, à savoir faire travailler ensemble des hommes et des femmes, à reconnaître et à mobiliser les capacités de chacun, à indiquer la place la plus efficace pour l'un comme pour l'autre, à donner à tous le sens de leur solidarité et de leur égalité devant la tâche dont ils sont responsables aux différents postes d'une même équipe, à l'image d'une chaîne et de ses nombreux maillons.

Toute chaîne n'a de force que celle de son maillon le plus faible : « *Il n'y a pas de tâche inférieure, et pas d'être inférieur, mais ce qui est inférieur, c'est d'accomplir mal sa tâche.* »[11]

L'équipe

Enfin, sans esprit d'équipe, sans solidarité entre les équipiers, il y a autant d'éléments de discorde que de membres dans l'équipe, car chacun arrive avec l'étroitesse de son ego, de ses forces et de ses faiblesses, de ses envies et de ses conflits. Ces conflits ont tôt fait de tout

---

11. Charles Péguy, écrivain français (1873-1914) dans L'Argent (1913).

désagréger, si le sens du bien commun et de la mission à remplir, en vue de ce bien commun, n'est pas pris en main par des équipiers responsables et solidaires.

Fussent-ils généreux et désintéressés, les dévouements qui ne sont pas coordonnés aboutissent fatalement à un échec, d'autant plus douloureux, qu'il s'agit précisément de gens sincères et de bonne volonté. Plus les membres de l'équipe sont des personnalités fortes, plus il leur faut un chef, une méthode et une vision pour canaliser et synchroniser leurs énergies, et les orienter vers des objectifs précis. Sinon, ce sera l'éparpillement des forces, la dispersion des efforts, les empiètements sur le terrain d'autrui, et surtout ces actes pseudo héroïques insupportables, sans souci du voisin, qui n'ont pour seul effet que de compromettre l'harmonie et l'équilibre de l'ensemble.

Si l'un de ces quatre éléments, projet, méthode, chef, équipe, ou cerveau, cœur, squelette et muscles, vient à défaillir, l'assise vacille et toute l'organisation se trouve en déséquilibre. Certes, avec un bon charpentier ou un bon ajusteur, on peut toujours stabiliser le tabouret, mais que d'énergie perdue !

Bien sûr, cette métaphore du tabouret est un peu simpliste. Il y a de nombreuses autres *béquilles* qui peuvent aider à consolider l'organisation, pour la rendre plus efficace, compenser la faiblesse d'un pied, voire la déstabiliser volontairement et temporairement afin de mieux l'équilibrer ensuite. Cependant, dans toutes les organisations efficaces que j'ai rencontrées, le projet, la méthode, le chef et l'équipe étaient clairement présents, alignés et équilibrés : ce n'est sûrement pas un hasard.

Les dirigeants

Si le projet et la méthode sont déclinables à l'infini, en fonction des organisations et de leurs missions, les qualités d'un dirigeant le sont aussi.

Comme pour le tabouret, tout est équilibre. Ainsi, un chef purement cerveau sera vite incompris, jugé froid et distant, incapable de voir la réalité humaine. Un chef tout cœur sera potentiellement submergé par ses émotions, tout comme un chef tout muscles, qui le sera par une énergie débordante, potentiellement inquiétante pour les équipes. Chez l'indécis comme chez le précis, chez le dictateur comme chez le négociateur, chez le pragmatique comme chez le fanatique, ce qui fait défaut, c'est l'équilibre.

Ce qui est remarquable chez les grands dirigeants, c'est la cohérence de leurs actions et de leurs valeurs profondes. Cet équilibre de leur comportement, idées, paroles et actes, invite à la confiance, clé fondamentale de la performance.

L'ego

Pour atteindre cet équilibre, le dirigeant doit savoir renoncer à son ego, apprendre à écouter, à observer, à méditer, à ne parler, que lorsque c'est nécessaire, à lâcher prise en acceptant l'incertitude, sans jamais renoncer à agir, à se rendre toujours abordable par sa simplicité, sa sincérité et son humilité, en reconnaissant la valeur sacrée de chaque être humain. Ni supérieur, ni inférieur, il doit par l'exemple de son engagement et de sa disponibilité favoriser la confiance et la performance, la liberté et la solidarité. Toute la magie de son autorité tient dans l'équilibre de son comportement.

Cela ne signifie pas qu'il doit être un personnage tiède, sans aspérités, ni fragilités. Tout au contraire, *« Il faut encore avoir du chaos en soi, pour enfanter une étoile qui danse »*. [12] Dès lors que l'on est convaincu, que rien ne dure, que tout reste toujours à créer et inventer, que le mouvement est perpétuel, et que l'optimisme seul permet d'entreprendre, tout devient possible.

Fuir les jeux stériles de l'apparence et du paraître, aller à l'essentiel, être soi, simple, naturel, exigeant et bienveillant, pour soi comme pour les autres, oser la confiance et l'espérance, rester disponible, à l'écoute, toujours en questionnement sur le sens et la vision du pourquoi, avant de se précipiter dans le comment, tel est le délicat travail que doit faire tout dirigeant sur lui-même et l'organisation dont il a la charge.

Responsable de la liberté et de l'efficacité de ses équipes, de la satisfaction de ses clients, de la confiance de ses fournisseurs et partenaires, le dirigeant doit être visionnaire, donner le sens, veiller à la sécurité de tous, dans une démarche de solidarité et de liberté conjuguée.

Cerveau, Cœur, Muscles et Squelette,…Vision, Empathie, Energie et Humour,…Politique, Social, Economie et Droit : l'équilibre est finalement assez simple à comprendre, sans doute plus complexe à maîtriser.

Ainsi, face à l'incertitude, l'équilibre des déséquilibres est sans doute une clé de vérité, celle d'un univers toujours en devenir.

Les cosmologues nous disent qu'il y a près de quatorze milliards d'années, l'univers était concentré en une masse de plasma pas plus grande que la tête d'une épingle, et que cet atome primitif contenait en lui tout l'univers connu aujourd'hui, celui issu du big bang composé du système

---

12. Friedrich Nietzsche, philosophe allemand (1844-1900) dans Ainsi parlait Zarathoustra (1885).

solaire et de ses huit planètes, de ses deux cents milliards d'étoiles et d'autant de galaxies.

Dans le chaos de la genèse de l'univers, électrons, protons, neutrons et quarks interagissent dans une réalité multiple, fragile, agile, sans cesse en mouvement.

C'est au cœur de ce mouvement perpétuel de l'univers qu'est née la vie, la nôtre comme celle de tous les organismes vivants.

« La vie ne se multiplie pas pour se multiplier, mais pour rassembler les éléments nécessaires à sa personnalisation. » [13]

Annonçant le phénomène de planétisation que nous connaissons aujourd'hui, via la mondialisation et la numérisation, Pierre Teilhard de Chardin dit, que le *phénomène humain* doit être pensé comme une étape de l'évolution qui conduit au déploiement de la noosphère, couche de faible épaisseur entourant la Terre, qui matérialiserait à la fois toutes les consciences de l'humanité, et toute la capacité de cette dernière à penser. Chaque conscience individuelle est alors amenée à entrer en collaboration toujours plus étroite avec les consciences avec lesquelles elle communique, dans une interfécondité créatrice.

Faite de déséquilibres en quête d'équilibre, la vie est bien, à l'image de l'univers, à la recherche d'un point Oméga qui UNIT les multiples VERS un tout solidaire, un UNIVERS de subtils déséquilibres qui s'équilibrent.

---

13 . Pierre Teilhard de Chardin, théologien jésuite français, paléontologue et philosophe (1881-1955) dans Le phénomène humain (1955).

SURFEUR

Alors que je venais de faire une conférence sur le *management* des équipes et la conduite du changement devant des étudiants de l'ESCP Europe, en ayant insisté sur l'importance de l'équilibre comme source du *leadership*, une étudiante me posa la question suivante : *Si vous deviez définir la vie d'un dirigeant d'un seul mot, quel serait ce mot ?*

Après quelques secondes de réflexion, je lui répondis : *Surfeur*. Sourires de l'intéressée et d'une partie de l'auditoire, étonnement pour d'autres. Il me fallait expliquer cette réponse.

Tel un *surfeur*, un dirigeant doit se tenir en équilibre sur la vague qui le porte. Cette vague, à l'image de la vie, est source d'une incroyable énergie. Où va t'elle porter notre *surfeur* ? S'il essaie d'arriver en un point précis du rivage, sans tenir compte du mouvement puissant de la vague, il sera très probablement éjecté de sa planche. Si, en revanche, en utilisant habilement la puissance de la vague, il guide sa planche, en utilisant tous ses sens et ses facultés mentales et physiques, il se donnera alors la possibilité d'arriver au rivage sans tomber.

Rester en équilibre sur la planche est le défi que le *surfeur* s'est lancé, en allant chercher une vague au large. Il aurait pu rester sur le rivage et regarder les vagues s'y écraser dans un fracas d'écume. Courageusement, il a choisi de faire confiance à une vague, pour le porter en un point du rivage.

Entrepreneur de sa vie, il a compris qu'il faut vivre chaque instant du *surf* en n'oubliant ni la vague, ni la planche qu'il manœuvre. L'image du *surfeur* est pour moi une illustration complète de ce qu'est la vie, celle d'un dirigeant comme de tout être humain. Chacun doit savoir se diriger, avant de vouloir diriger les autres.

Etre en vie, c'est se trouver sans cesse en équilibre dans le déséquilibre, confronté à une incroyable énergie : celle de la nature, du vivant, qu'il soit animal, végétal, minéral ou humain.

Ce qui caractérise le vivant, c'est sa vulnérabilité, son imprévisibilité, sa complexité et son ambiguïté. Les universitaires américains, enseignant la stratégie à Harvard, parlent d'un contexte international, devenu VUCA, abréviation pour Vulnérable, Incertain, Complexe et Ambigu. Etonnant constat qui démontre le terrible manque d'humour de nos sociétés, qui, pour la plupart, ont tant de peine à percevoir l'incroyable dynamique d'agilité et de fragilité du vivant.

C'est dans l'agile et le fragile que le vivant trouve sa puissance créatrice.

Pierre Teilhard de Chardin, écrit : *C'est une chose terrible d'être né, c'est-à-dire de se trouver irrévocablement emporté, sans l'avoir voulu, dans un torrent d'énergie formidable, qui paraît vouloir détruire tout ce qu'il entraîne en lui.* [14]

La vie, vague ou torrent, nous invite à surfer ou nager sans jamais oublier la force, dont elle est capable. Cela ne doit pas nous inquiéter, mais au contraire nous guider.

Nager à contre-courant ou *surfer,* sans tenir compte du mouvement de la vague, est toujours possible. Cela suppose une grande dépense d'énergie, sans garantie d'atteindre le rivage. Certains peuvent aussi choisir de ne jamais atteindre le rivage, préférant le surf ou la nage à toute autre activité sur le rivage. Pour tenir dans la durée,

---

14. Pierre Teilhard de Chardin, dans Hymne à l'Univers (1961).

il leur faudra conjuguer leurs forces avec celles du courant ou de la vague.

Ainsi, que leur projet soit celui de rester sur l'eau ou d'atteindre le rivage, le nageur et le *surfeur* doivent prendre en considération la force qui les porte. Cela ne signifie pas qu'il suffit de se laisser porter. Il s'agit tout au contraire, avec patience et détermination, de rechercher sans cesse le bon équilibre entre nos forces, nos faiblesses, nos déséquilibres, et ceux de la vague ou du torrent.

Pour nous guider dans cette recherche, nous disposons de cinq sens : vue, ouïe, odorat, goût et *tact*.

Dans un ouvrage remarquable, recueil de conversations radiophoniques (*Le Sens de l'Info, sur France Info*), entre le philosophe, Michel Serres, et le journaliste, Michel Polacco, intitulé *Du Bonheur aujourd'hui* [15], Michel Serres nous indique que le *tact* est, injustement, le sens le moins valorisé de nos cinq sens.

La vue et l'ouïe sont considérées comme majeures alors même que le *tact,* ou toucher, est le plus complet puisqu'il utilise non pas un ou deux organes (yeux, oreilles, nez ou langue) mais toute la surface de notre corps, peau et poils associés. Il ajoute que le mot tact, pour définir le toucher, a l'avantage de la double signification de ce sens majeur, tout à la fois physique et moral. Manquer de tact, c'est manquer d'humanité.

Voilà ce qui ramène à l'équilibre, à ce défi qui nous est lancé, d'utiliser toutes nos capacités mentales et physiques, pour accéder à la connaissance et à la vie sociale.

J'emprunte au philosophe allemand, Arthur Schopenhauer, la parabole suivante, pour illustrer le tact,

---

15. Du Bonheur Michel Serres et Michel Polacco, éditions Le Pommier (2015).

comme source de l'équilibre dans le rapport à l'autre, qu'il s'agisse d'un autre humain ou d'un autre vivant - animal, végétal, minéral -, et plus globalement à l'écosystème dans lequel nous sommes immergés autant qu'émergés :

« Par une froide journée d'hiver, un troupeau de porcs-épics s'était mis en groupe serré, pour se garantir mutuellement contre la gelée, par leur propre chaleur.

Mais, tout aussitôt, ils ressentirent les atteintes de leurs piquants, ce qui les fit s'écarter les uns des autres.

Quand le besoin de se réchauffer les eut rapprochés de nouveau, le même inconvénient se renouvela, de sorte qu'ils étaient ballottés de ça et de là entre les deux maux, jusqu'à ce qu'ils eussent fini par trouver une distance moyenne, qui leur rendit la situation supportable.

Ainsi, le besoin de société, né du vide et de la monotonie de leur vie intérieure, pousse les hommes les uns vers les autres ; mais leurs nombreuses manières d'être antipathiques et leurs insupportables défauts les dispersent de nouveau.

La distance moyenne qu'ils finissent par découvrir, et à laquelle la vie en commun devient possible, c'est la politesse et les belles manières.

En Angleterre, on crie à celui qui ne se tient pas à cette distance : « Keep your distance » ! Par ce moyen, le besoin de se réchauffer n'est, à la vérité, satisfait qu'à moitié, mais en revanche, on ne ressent pas la blessure des piquants.

Cependant, celui qui possède assez de chaleur intérieure propre préfère rester en dehors de la société pour ne pas éprouver de désagréments, ni en causer ». [16]

---

16. Arthur Schopenhauer, philosophe allemand (1788-1860) dans « Parerga & Paralipomena, Aphorisme sur la sagesse dans la vie. » (1851).

A l'image de ce troupeau de porcs-épics, il nous faut trouver, ensemble et en permanence, la bonne distance à établir entre nous et les autres, pour tout à la fois survivre en partageant la chaleur, et vivre en ayant pleine conscience de la présence de l'autre, fût-elle piquante !

Au-delà de cette juste distance, l'équilibre, comme philosophie de vie, est souvent présenté comme une mollesse de l'esprit, une soumission à une pensée unique, imposée. L'affirmation de soi, à rebours de cette pensée unique, doit inciter à *entretenir en soi l'art du déséquilibre.*[17]

Si je partage avec Hervé Hamon l'idée de devoir et pouvoir être soi, unique et libre, au sein d'une collectivité solidaire, et la nécessité de *développer un sens aigu de l'altérité* dans toute communauté, contrairement à lui, je ne lui oppose pas l'idée de l'équilibre.

Pour moi, l'équilibre est porteur d'un état d'esprit dynamique et non statique. Il est un mouvement perpétuel, à l'image de l'univers. Comment ignorer en effet qu'il suffirait d'une infime oscillation de l'axe de rotation de la Terre pour repasser en période hypo ou hyperthermique, et voir alors disparaître la plupart des espèces vivantes ?

L'équilibre du *surfeur* est dynamique, à double titre : celui de la vague, résultat du mouvement de l'océan, et le sien en tant qu'acteur de sa trajectoire.

Être en équilibre ne signifie pas être passif ou conservateur, bien au contraire. Etre en équilibre suppose de rechercher sans cesse le bon niveau de relation à l'autre, qui que soit cet autre. La sagesse n'est pas mollesse.

---

17. Hervé Hamon, journaliste, enseignant et écrivain français (1946) dans Le vent du plaisir, éditions du seuil (2002).

LABEUR ET BONHEUR

Commençons par quelques fortes paroles : Abraham Lincoln, président des Etats-Unis d'Amérique de 1860 à 1865, assassiné au cours de son deuxième mandat, par des opposants à l'émancipation des esclaves, déclarait, fin 1861, lors d'une réunion du congrès :
- *« Vous ne pouvez pas donner de la force au faible en affaiblissant le fort. »*
- *« Vous ne pouvez pas aider le salarié en anéantissant l'employeur. »*
- *« Vous ne pouvez pas favoriser la fraternité humaine en encourageant la lutte des classes. »*
- *« Vous ne pouvez pas forcer le caractère et le courage en décourageant l'initiative et l'indépendance. »*
- *« Vous ne pouvez pas aider les hommes, en faisant pour eux ce qu'ils pourraient et devraient faire eux-mêmes. »*

Tout est dit : le modèle manichéen de l'entreprise, dans lequel s'opposent employeurs et employés, patrons et ouvriers, est condamné à l'échec. Il est pourtant gravé dans les esprits, et je vous invite, pour vous en convaincre, à lire l'ouvrage de madame Danièle Linhart, intitulé *La comédie humaine du travail, de la déshumanisation taylorienne à la sur-humanisation managériale*. (Editions érès 2015). Dans cet ouvrage, madame Linhart rapproche le *management* moderne du modèle taylorien.

Pour elle, Taylor a fait de la classe ouvrière un rouage passif de l'entreprise, en la privant de son autonomie, en la spoliant de son savoir-faire professionnel, et en l'enfermant dans des processus de production hyper codifiés et prescriptifs.

Le management moderne, qui affiche vouloir placer l'humain au cœur de l'entreprise, ne fait, selon elle, que poursuivre l'œuvre de Taylor, en privant les salariés de toutes représentations collectives, préférant jouer sur les ressorts de la psychologie personnelle et de l'individualisation, ce qui favorise les jeux d'egos et laisse tout le pouvoir aux dirigeants.

Précarisés et sous représentés, privés de leur identité professionnelle et de leur expérience, les salariés modernes sont, selon madame Linhart, de plus en plus sensibles au stress du changement permanent et, pour certains, victimes de *burn-out*.

C'est une manière de voir les choses ! Je la qualifie de pessimiste, car elle ne peut conduire qu'à la désespérance, certainement pas à la performance. Je suis convaincu, pour ma part, qu'il y a un lien étroit entre le bonheur des salariés et la performance des entreprises. Le problème est que personne ne peut promettre ou ordonner le bonheur, car celui-ci est le résultat d'une démarche personnelle et volontaire. Ainsi, le bonheur collectif n'existe pas, pas plus que la pensée collective, et c'est tant mieux. Mais nous reparlerons du bonheur, dans quelques instants. Parlons maintenant du labeur.

Le labeur

De manière très synthétique, on peut dire que le labeur répond à six grands principes :

Le principe de réalité : on travaille pour vivre, se nourrir, se loger, nourrir sa famille, la loger, etc.

Le principe d'efficacité : on travaille pour réussir un projet, produire un objet, développer un service, réaliser une œuvre, etc.

Le principe d'identité : plus qu'une fonction, nous sommes une personne au travail, qui apporte son talent au projet. Nous sommes un professionnel, qui s'investit plus ou moins, développe ou pas ses compétences, etc. Le travail est source d'un lien social, d'une réalisation de soi à travers une œuvre, de la construction d'une identité.

Le principe d'humanité : non à la ressource humaine, oui à la relation humaine ; nous ne naissons pas homme, nous le devenons dans le regard des autres, et, en cela, chacun et chacune de nous est unique, contrairement aux ressources comme l'argent, l'énergie, l'eau ou le pétrole. Méfions-nous des mots déshumanisants, et gardons-nous de vouloir calculer le retour sur investissement humain, en abrégé anglo-saxon le HR ROI !

Le principe de sincérité : gardons-nous aussi des mots en creux, des idées et valeurs non partagées et non incarnées qui finissent par être plus démobilisatrices que mobilisatrices. Dire ce que l'on fait, et faire ce que l'on dit, en alignement clair et sincère, et non par le biais de valeurs ni incarnées, ni déclinées, décidées seulement par des dirigeants, quand elles doivent au contraire être collégialement réfléchies et choisies par l'ensemble des acteurs de l'organisation.

Le principe de sens : Quand le travail a du sens, que l'on est fier de s'y investir, alors tout est réuni pour que la performance soit possible, même si elle n'est jamais certaine. Nietzsche écrit, de manière sans doute excessive, mais cependant réaliste : *Celui qui a un pourquoi qui lui tient lieu de but, de finalité, peut vivre avec n'importe quel comment.* [18] Les pourquoi, comme les comment, sont multiples.

---

18. Friedrich Nietzsche, philosophe allemand (1844-1900) dans Ecce Homo (1888),

Au regard de ces six principes, la question du bonheur au travail, comme source majeure de la performance des entreprises, ne me semble pas réductible à un naïf et doux rêve, à ce que certains se plaisent à qualifier de *monde des Bisounours*. J'en veux pour preuve le développement spectaculaire depuis une dizaine d'années, de la notion de responsabilité sociétale et environnementale (RSE) des organisations. Quand elle est apparue, à la bascule du 20ème au 21ème siècle, nombre de grandes entreprises et d'administrations l'ont regardée d'un œil distant, voire méprisant, et beaucoup de PME/PMI y voyaient de nouvelles contraintes ingérables et superflues. Il a fallu, hélas, quelques drames, dits psychosociaux, pour que cette approche du bonheur au travail prenne sa place dans le débat sur la performance et la création de valeur des entreprises. On parle, désormais, de capital humain et de capital immatériel, mots ambivalents qui restent, à mon avis, à préciser.

En 2005, j'ai participé activement à la démarche de cotation RSE de la Marine nationale par la société Vigéo, présidée par madame Nicole Notat, et je me souviens du regard railleur de nombre de nos interlocuteurs d'alors. Et pourtant, que de leçons précieuses ont été tirées de cette initiative ! Une nouvelle cotation, en 2012, nous a permis de mesurer le chemin parcouru, et de poursuivre les actions entreprises, pour développer la performance de la Marine nationale, par la prise en compte du bien-être des équipages de marins.[19]

Pour en finir sur ce point, il faut admettre que la prise en compte du bonheur dans les organisations reste encore très fragmentaire, du fait, notamment, de l'internationalisation des grandes entreprises. Celles-ci,

---

[19]. « Les Echos Business » du 19 juin 2015 : Défis RSE, la Marine nationale citée en modèle reçoit le trophée des ressources humaines.

en effet, se structurent le plus souvent sur le modèle libéral anglo-saxon, dans lequel les individus sont considérés comme des ressources, c'est-à-dire qu'ils sont optimisés, pour ne pas dire exploités.

L'humain, première richesse de l'entreprise

Cette vision de l'humain comme ressource m'est insupportable, et je lui préfère sans hésitation la philosophie humaniste, qui permet de conjuguer la performance des entreprises et l'épanouissement des êtres humains. Je n'ai, d'ailleurs, jamais admis le titre de directeur des ressources humaines, lui préférant celui de directeur des relations humaines, ou encore des richesses ou de la rareté humaine, et je m'inspire, en cela, de la réflexion du professeur irlandais Charles Handy, reconnu comme l'un des 50 membres les plus éminents au monde, en matière de gestion des entreprises et de *management* des équipes : « *En ne poursuivant que des objectifs de croissance économique et d'efficience, nous risquons d'oublier que c'est nous, hommes et femmes pris individuellement, qui devrions être la mesure de toute chose, et non pas servir à mesurer autre chose.* » [20] Voilà qui devrait calmer les ardeurs des adeptes du HR ROI.

Nos amis belges viennent d'inventer le terme de *chief happiness officer* en lieu et place de celui de DRH. J'adore ce vocable et, au-delà, les incroyables résultats obtenus par les ministères belges de la Sécurité sociale et des

---

20. Charles Handy, philosophe irlandais de l'économie, né en 1932, ancien professeur à la London Business School dans L'Olympe des managers (1986).

Transports, tout comme ceux des entreprises qui mettent en œuvre cette vision des organisations. [21]

Quelques repères sur le bonheur au travail

Pour entrer dans la compréhension du bonheur des travailleurs comme clé de la performance des entreprises, je vous recommande la lecture d'un ouvrage intitulé *Santé et bien-vivre au travail,* publié en 2013, par les éditions de l'Afnor. Les auteures, mesdames Laurence Breton-Kueny et Roseline Desgroux, y apportent de très riches éclairages sur les liens entre le bonheur au travail et la performance des entreprises, notamment au travers d'indicateurs sur les taux de productivité, d'absentéisme, de présentéisme, d'accidentologie et de stress.

Le cabinet *Capital Santé,* qui appartient au groupe *Julhiet-Sterwen,* apporte également des réponses concrètes et ciblées à ces sujets. Quand on sait, selon une étude réalisée en 2014 par *Deloitte* et *Cadre Emploi,* que 7 salariés sur 10 ne se sentent pas reconnus à leur juste valeur, vivent douloureusement les restructurations et la précarité professionnelle qui en résulte, le stress des horaires et le harcèlement de certains *managers*, on voit qu'il reste un long chemin à parcourir, pour que performances économiques riment avec performances sociales, et inversement. En Europe, le coût des pathologies professionnelles est estimé à plus de 20 milliards d'euros (près de 3 milliards d'euros en France).

Autres repères, issus d'enquêtes annuelles conduites par différents médias et organismes de sondages en France : 11% des salariés sont heureux de leur travail,

---

21. Le bonheur au travail, documentaire diffusé par Arte en février 2015.

61% travaillent pour gagner de l'argent, et 28% pour avoir un statut social. La majorité de ces salariés préfère avoir un chef qui, parce qu'il les dirige, peut être critiqué, ce qui permet de ne pas culpabiliser sur ses propres résultats.

Le repère de la confiance

La reconnaissance et la confiance sont les deux premiers facteurs de bien-être au travail mis en avant par les salariés, suivis du mode de *management*, du contenu et des conditions du travail, et de l'équilibre entre vie professionnelle et vie personnelle. Tous ces éléments d'analyse des attentes des salariés sont accessibles, chaque année, lors de la semaine pour la qualité de vie au travail organisée par le réseau *ANACT-ARACT*, et lors du salon *Vitaelia,* dont la première édition s'est tenue en juin 2015.

Je recommande également de s'intéresser aux remarquables travaux de l'institut *Great Place To Work,* qui accompagne les entreprises qui font appel à lui dans leurs pratiques managériales et remet chaque année un trophée aux entreprises dans lesquelles il fait bon travailler, *les Best Work Places.* Sur la base du modèle développé par *Great Place To Work,* les entreprises dans lesquelles il fait bon travailler se caractérisent par des relations quotidiennes vécues comme harmonieuses par les employés, le facteur clé de cette harmonie étant la confiance.

La confiance, principe déterminant des entreprises dans lesquelles il fait bon travailler, s'appuie sur la crédibilité de la direction, le respect des employés, et l'équité dans leurs relations. La fierté, la convivialité et la solidarité entre les salariés sont également des composants essentiels. Arrêtons-nous sur la solidarité.

Le repère du maillon faible

Dès lors que l'on admet que la défaillance d'un seul des maillons de l'organisation peut mettre celle-ci en péril et que, contrairement à une émission de téléréalité, l'éviction du maillon faible n'est pas la solution, les notions de solidarité, d'exigence bienveillante et de reconnaissance prennent naturellement toute leur place dans le management. Son maillon le plus faible est celui qui donne la juste mesure de la résilience et de la pérennité de toute organisation ; c'est sur lui qu'il faut concentrer les efforts de progrès.

Ainsi, si le bonheur au travail est un thème majeur, il va de pair avec une réflexion engagée autour du collectif, le fameux co si souvent mis en avant, quand on parle des générations Y et Z soucieuses de co-créer, co-construire, co-produire etc. Pour cela, il faut être capable de définir ensemble, au sein de l'entreprise ce que j'appelle le PPCM, ce plus petit commun multiple, composé des règles et valeurs communes, qui permettra le vivre et l'agir ensemble.

Dans la marine, comme dans les autres armées, cela s'appelle la discipline.[22] Loin d'être un mot suranné et trop souvent caricaturé, la discipline est le mot qui définit la règle du jeu, sans laquelle aucune action collective n'est possible. Sinon, c'est la loi de la jungle. Le PPCM, bien délimité, est le meilleur des remparts contre les risques psycho-sociaux. Mieux, il est un élément clé du bonheur au travail, car quand les règles sont claires et appliquées, la vie est plus simple et plus juste.

Bien plus que des crèches, des conciergeries, des salles de sport et autres lieux et pratiques de convivialité, toutes

---

22. Lire sur la discipline du bonheur ce que j'écris dans mon ouvrage L'Art de diriger ? page 30, L'Harmattan avril 2013.

choses néanmoins très utiles, c'est le courage managérial qui doit être la clé de voûte du bien-être des salariés, donc de leur performance. Fixer et faire appliquer les règles demande du courage.

Mais au fait, c'est quoi le bonheur ?

Au-delà de la volonté de chacun d'entre nous d'être heureux ou pas, il nous faut pouvoir vivre dans un environnement favorable au bien-être, au travail, comme en famille. Car peut-on vraiment être heureux au travail et malheureux en famille, ou l'inverse ? Tout, dans la vie, est équilibre, donc mouvement, car l'équilibre n'est jamais statique. Conjuguer vie personnelle et vie professionnelle demande des efforts continus.

Si, comme le dit Jean Anouilh *C'est plein de disputes un bonheur* [23], c'est bien parce que ce n'est pas si simple, le bonheur. Au travail, comme à la maison, on ne peut ni le décréter, ni l'imposer, seulement le favoriser, en ayant une éthique de vie et de travail clairement exprimée et partagée. J'ai la conviction qu'il n'y a pas de recette miracle pour le bonheur, si ce n'est la volonté de chacun d'entre nous d'être heureux et de vouloir le bien-être de l'autre, à égalité du sien.

Au travail, cela passe par des règles de comportement bien énoncées, une attention continue aux conditions de vie et de travail de chacun, une empathie, ni feinte, ni contrainte. Pour cela, il faut aller au contact des équipes, ne pas se réfugier derrière des comportements appris, être naturel, sincère, attentif, réactif. On dirige avec son cœur, pas avec son ordinateur.

---

23. Jean Anouilh, écrivain et dramaturge français (1910-1987) dans Antigone (1944).

Le dialogue social, le partage des décisions par l'information et la communication, la qualité du cadre spatio-temporel du travail, l'autonomie et le degré de responsabilité accordés à chacun, la capacité à résoudre rapidement les dysfonctionnements, à prescrire clairement les tâches, sans interdire l'autonomie et la créativité, à limiter leur pénibilité, à prévenir les risques, à favoriser le développement personnel par la formation, la validation des acquis de l'expérience et la promotion professionnelle, à faciliter la conciliation entre la vie professionnelle et la vie personnelle, en prenant en considération les temps de transports, les gardes d'enfants, les rythmes et horaires de travail, le travail à distance[24], l'accès aux soins et aux loisirs, etc. sont autant de réponses concrètes aux besoins de bien-être des acteurs de l'entreprise.

Bien plus encore que ces modalités pratiques, le bien-être dans l'entreprise passe par la volonté personnelle des dirigeants d'être heureux et de partager leur bonheur avec leurs collaborateurs, mais aussi par la volonté de ceux-ci d'accepter ce partage. Le bonheur au travail est bien l'affaire de tous et de chacun. Le dialogue social doit y aider.

Pour ce qui est du dialogue social, je vous recommande la lecture de l'ouvrage de Yves Halifa et Philippe Emont intitulé *Le dialogue social, prenez la parole ! Du combat au débat, de la méfiance à la confiance.* [25]

Le bonheur est une étonnante alchimie. Tous, nous l'espérons, le cherchant parfois loin de là où il est, certains, dans le pré, comme dans une émission de téléréalité très regardée, d'autres ailleurs, mais où est-il

---

24. Patrick Bouvard et Patrick Storhaye, universitaires experts du monde du travail, Le travail à distance, éditions Dunod (2013).
25. Yves Halifa et Philippe Emont, directeurs du cabinet Alternego, Dialogue social, prenez la parole, éditions esf (2014).

vraiment ? Et bien, je crois le savoir aujourd'hui, après de nombreuses années d'interrogation : il est d'abord en chacun de nous. Il est un choix personnel.

Enfin, il est important de bien distinguer le bonheur du plaisir. Le plaisir est fugace et éphémère, il dure le temps d'un instant, et résulte d'un sentiment basé sur nos perceptions sensuelles. Le bonheur, lui, s'inscrit dans le temps et le mental. On peut ressentir du plaisir, sans pour autant être heureux. *Le plus grand secret pour le bonheur est d'être bien avec soi* écrit Fontenelle. [26]

Etre bien avec soi, c'est savoir qui l'on est, s'accepter comme tel et se situer dans un groupe en sachant pourquoi on a choisi d'y appartenir, sans faire supporter aux autres le poids de ses doutes et de ses interrogations identitaires. Sans réponse claire à ces questions, sans conscience réfléchie et apaisée de son identité et de celle du groupe dans lequel on vit, il est impossible d'être heureux. C'est la question du sens, celle du *pourquoi* l'on vit plutôt que du *comment* l'on vit. A ce sujet, Jacques Brel disait : *Le bonheur est notre destin véritable.* [27]

Etres d'une humanité métisse, nous sommes tous le résultat d'un mélange *jungien* fait de sensations, de sentiments, d'intuitions et de pensées[28], tout à la fois êtres charnels et intellectuels, mystiques et épicuriens. Quand tout cela, en nous, s'équilibre harmonieusement, alors, sans doute, le bonheur n'est-il pas très loin. Cet équilibre ne dépend que de nous. C'est ce que nous dit le

---

26. Bernard le Bouyer de Fontenelle, écrivain et scientifique français (1657-1757) dans Œuvres complètes de Fontenelle, Paris, 1758, 11 vol. in-12.
27. Jacques Brel lors d'une interview diffusée sur Europe 1 le 1er janvier 1968.
28. Du médecin psychiatre et psychologue suisse Carl Gustav Jung (1875- 1961) dans L'Homme à la découverte de son âme, éditions Albin Michel (1987).

philosophe Auguste Emile Chartier, plus connu sous le pseudonyme d'Alain : « *Il y a plus de volonté qu'on ne le croit dans le bonheur.* » [29]

Voilà une bonne transition vers la pyramide de Maslow, chercheur américain de l'université des sciences humaines d'Harvard, qui présente le bonheur sous la forme d'une pyramide, dont la base est constituée de la satisfaction des besoins physiologiques. *Quand la santé va, tout va,* dit le dicton. Puis, de strate en strate, la pyramide du bonheur nous conduit de la santé à la sécurité, de la fierté d'appartenance à l'estime de soi, pour enfin atteindre la réalisation de son être.

Le bonheur, pyramide ou spirale, est une étrange construction alchimique, qui allie le temps, l'espace, le sens, les sens, l'équilibre et la discipline, car il n'y a aucun bonheur possible dans l'anarchie, simplement une passion égoïste et méprisante de la vie de l'autre. Respecter - je dis même aimer - l'autre, et se respecter - je dis même s'aimer - soi-même en acceptant les règles du vivre et du travailler ensemble, là est la source première du bonheur dans le labeur. Une autre des clés du bonheur dans le labeur est sans doute aussi celle de l'humour.

L'humour

Le plus grand défi que nous sommes toutes et tous appelés à relever, me semble-t-il, surtout quand on est dirigeant, est celui de l'humour, subtile conjugaison d'humilité et d'amour qui doit nous conduire à aimer les autres comme nous même, à rejeter la haine et la violence, le racisme et toute forme de mépris de l'autre, à nous

---

29. Auguste Emile Chartier, dit Alain, philosophe et journaliste français (1868-1951) dans Propos sur le bonheur (1928).

reconnaître dans certaines valeurs, en acceptant qu'elles ne soient pas universellement partagées, mais qu'en étant nôtres, elles nous guident dans notre humanité, nous permettant d'exister un parmi les autres, ni plus grand ni plus petit, tout simplement égal aux autres dans une volonté de bien-être et de liberté.

Celui qui est ému par la réalité humaine, et humble face à l'immensité du vivant, est digne d'être un chef. Ainsi, s'il y a peut-être plus de pensées basses et méchantes dans le monde que de pensées élevées, souvenons-nous que la puissance d'une seule pensée d'amour est infiniment supérieure à celle d'une pensée de haine. Succomber à la haine conduit inéluctablement à la violence, à l'échec et au désespoir. La guerre est le pire échec de l'humanité.

Dès lors que l'on admet qu'aucun de nous n'a le droit de se sentir supérieur ou inférieur à un autre humain au prétexte d'origine ethnique, de sexe, d'aptitudes physiques et mentales, d'âge ou de croyances différents, mais simplement égal en humanité ; l'altérité, la diversité et la mixité deviennent naturelles et fondent l'unité et la performance d'un groupe, qui tire profit de toutes les différences et de tous les talents, en les conjuguant plutôt qu'en les opposant ou les hiérarchisant.

Seul existe l'humain, être vivant et pensant, doté d'une conscience et d'une mémoire, d'un esprit, d'un cœur et d'un corps. J'aime rappeler à ceux qui s'interrogent sur les ressorts de la nature humaine que les émotions n'ont ni sexe, ni âge, ni origine ethnique. Le vieillard de Papouasie est-il forcément moins émotif que la jeune fille de Californie ? Qui peut le dire ?

Gardons-nous du tout cérébral, laissons parler nos émotions, fuyons les postures, mettons les *ego* au placard, osons le cœur-à-cœur plus que le corps-à-corps ou le tête-à-tête, chassons les peurs par toujours plus de culture et de réflexion, car s'inquiéter ne règle pas les problèmes à venir, mais prive de la paix du moment, qui aide à préparer la performance de demain.

Finalement, le plus beau rôle pour un chef d'entreprise est celui qui le conduit à guider des citoyens aptes à penser par eux-mêmes, éveillés à l'esprit critique, prêts à l'emploi autant qu'à la vie citoyenne, heureux de vivre au service d'une cause dont ils comprennent le sens. Ainsi compris, le travail de l'éboueur ne vaut-il pas autant que celui du *trader* ?[30] En hiérarchisant les apports de chacun à une communauté, on risque fort d'être confronté un jour à la réalité du maillon faible qui, à force de n'être pas considéré, décide de se briser. On comprend alors, mais un peu tard, le rôle essentiel qui était le sien.

Comment concilier labeur et bonheur ?

Commençons cette réflexion par trois citations :

- *Je n'aime pas le travail, nul ne l'aime ; mais j'aime ce qui dans le travail est l'occasion de se découvrir soi-même, j'entends notre propre réalité, ce que nous sommes à nos yeux, et non pas en façade.*[31]

- *La raison la plus motivante de travailler se trouve dans le plaisir que l'on y trouve, dans le plaisir du résultat atteint, et dans la reconnaissance de la valeur de ce résultat pour la communauté.*[32]

---

30. Le Club DéciDRH remet chaque année (depuis 2015) le prix de l'Humour RH à un(e) DRH qui allie les qualités d'humilité, d'amour et de convivialité. http://adesideesrh.com
31. Joseph Conrad, marin et écrivain anglais (1857-1924) dans Au cœur des ténèbres (1899).
32. Albert Einstein, physicien allemand (1879-1955) dans Comment je vois le monde (1934).

- Le travail, entre autres avantages, a celui de raccourcir les journées et d'étendre la vie.[33]

Voilà qui amène à réfléchir sur la réalité toute relative de la relation au travail de notre humanité depuis son origine.

Dans l'Antiquité, le travail manuel, considéré comme indigne, était laissé aux esclaves ou aux affranchis. Il a fallu attendre le judéo-christianisme pour voir une réhabilitation du travail manuel, fondée sur le principe que l'Homme doit assurer sa subsistance (travail manuel), tout en développant ses facultés (travail intellectuel). Ce faisant, l'être humain collabore à l'œuvre commune de l'humanité qui vise à domestiquer la nature, pour mieux libérer ses capacités intellectuelles et promouvoir la culture humaine.

En France, pendant tout le Moyen-Âge, et jusqu'à la Révolution, le monde du travail était régi par le régime des corporations, qui laissait à chaque profession le soin d'établir ses propres règles d'exercice. La loi du riche, possédant terres ou manufactures, s'imposait le plus souvent. Les grèves et associations professionnelles étaient interdites, une ordonnance de 1539 précisant que *les intelligences des travailleurs les uns avec les autres du fait de leur métier sont illégales.* La Constituante, à l'automne 1789, supprime les corporations et proclame la *liberté* du travail et l'égalité en droit de tous les citoyens.

Avec le développement du capitalisme industriel au XIXème siècle, le travail est progressivement considéré comme une marchandise répondant aux besoins du marché, son prix se fondant sur un contrat établi en fonction de l'équilibre entre offres et demandes, et de la concurrence entre les différents acteurs du secteur

---

33. Denis Diderot, philosophe et encyclopédiste français (1713-1784) dans Entretiens (1773).

professionnel concerné. Le travail perd ainsi sa signification humaine. Le travailleur est soumis à la double concurrence des patrons entre eux, et des ouvriers entre eux. Un prolétariat misérable se développe dans les villes, situation inacceptable qui conduit notamment à la révolte des Canuts de Lyon de 1831 à 1834.

Il faut attendre le 25 mai 1864 et la loi Ollivier pour voir l'abrogation du délit de coalition et l'instauration du droit de grève, puis, après la grande grève des mineurs d'Anzin en 1884, l'autorisation des syndicats par la loi Waldeck-Rousseau.

Un droit du travail s'élabore alors progressivement. Le traité de Versailles de 1919 stipule que *Le travail ne doit pas être considéré comme une marchandise ou comme un article de commerce.*

Après 1945, le développement des systèmes de Sécurité sociale, puis l'institution des Comités d'Entreprises, complètent cette évolution positive de la reconnaissance du droit des travailleurs, qui sont ainsi plus étroitement associés à la vie de l'entreprise, et parfois même, mais plus rarement, à sa gestion, par le biais de l'actionnariat salarié, mis en place dans certaines entreprises.

L'histoire du travail en France, ici très sommairement brossée, permet de comprendre que ce que d'aucuns appellent *la valeur du travail* a pris des formes très variées, le plus souvent biaisées par des notions d'économie de marché. Le paradoxe de cette relation est que ce sont les entreprises elles-mêmes qui ont souvent contribué à dévaloriser le travail dans sa dimension humaine.

La notion de *création de valeur* s'est appliquée à la seule réalité financière de l'entreprise. Les fusions, les délocalisations, les restructurations, les licenciements préventifs, les pratiques managériales agressives, les écarts injustifiés de traitements et de salaires entre les dirigeants et les salariés, le retour de la notion de guerre pour qualifier la situation du travail, etc. ont peu à peu fracturé l'idéal de l'accomplissement de la personne humaine par et dans son travail. Le travail souffrance a pris le pas sur le travail transcendance.

Plus que jamais, il est temps de remettre l'humain au cœur de l'entreprise. Cette nouvelle culture du travail est, pour moi, le défi qui doit motiver les DRH et les pousser à militer sans relâche auprès des dirigeants des entreprises pour qu'ils s'approprient cette conviction : l'humain est la seule véritable source de valeur et de performance de l'entreprise. Cette culture de l'humain seule doit guider les dirigeants de l'entreprise.

Le travail est une dimension essentielle de la dignité humaine, un moyen de grandir en relevant le défi de nos compétences, et celui de notre rapport à l'Autre.

J'en suis convaincu, le libéralisme atteint désormais ses limites et, comme le collectivisme au XXème siècle, il est appelé à disparaître un jour, ou sans doute, de manière plus réaliste, à évoluer vers une économie plus sociale et solidaire comme le démontre la progression régulière du nombre des emplois dans le *tiers secteur* [34] de l'économie en France (plus de 10% en 2015).

Les entreprises, coopératives, mutuelles, fondations et associations de ce *tiers secteur* fonctionnent sur un principe de solidarité et d'unité sociale, et ont des modes de gestion participatifs. Elles bénéficient, depuis peu, d'un cadre juridique renforcé par la loi n°2014-856 du 31 juillet 2014 relative à l'économie sociale et solidaire.

---

34. Le secteur public, le secteur privé et le secteur solidaire.

L'économie collaborative ? [35]

En 2015, près d'un Français sur deux a vendu un objet ou une prestation sur une plateforme collaborative. Selon un récent sondage de *Sociovision* [36], près d'un Français sur deux est aujourd'hui adepte de la consommation dite *collaborative.* Cette tendance est favorisée par la multiplication des applications type *Uber, BlaBlacar, Airbnb, OuiCar,* etc. qui révolutionnent les comportements des consommateurs et bousculent de nombreux métiers.

Avec le ralentissement de l'économie en 2008-2009, les Français ont choisi de s'orienter vers ces pratiques collaboratives. Mais la crise n'explique pas tout. Grâce aux applications Internet, les consommateurs ont directement accès aux circuits courts d'échanges.

Ainsi, Alexandre Woog, jeune entrepreneur, a cofondé le site *e-loue* qui met en relation propriétaires et locataires d'objets. *On est tout simplement partis de besoins simples, comme celui d'une perceuse pour un petit bricolage. On s'est dit que le plus simple était de s'adresser à un voisin, et qu'il y avait sans doute quelque chose à creuser au niveau de la mise en relation entre particuliers.* Il affiche aujourd'hui un chiffre d'affaires de plus de 5 millions d'euros, et a signé des partenariats avec des enseignes comme *Leroy Merlin* ou *Go Sport* qui, moyennant un abonnement, proposent, eux aussi, de la location sur leurs plateformes.

La substitution de la vente d'un produit par la vente de son usage n'est encore proposée que de façon confidentielle par quelques grandes surfaces de bricolage

---

35. Cf. Le Parisien du 21 septembre 2015.
36. Sociovision, France 20020, à quelle société rêvent les français (Mars 2015).

comme *Leroy Merlin* ou *Home Depot* qui louent des équipements de bricolage pour de courtes durées. De son côté, le groupe *SEB* a récemment lancé à Dijon *Eurêcook*, un service de location d'appareils culinaires.

Rien ne se perd, tout se partage... même le savoir. Laetitia Alcover, jeune entrepreneure, a participé au lancement de *Kang*, une plateforme lancée avec le soutien de Xavier Niel, patron de *Free* et d'*Illiad*. *Notre idée a été de permettre à des professionnels et des particuliers de partager leur expertise de chez eux, et uniquement par téléphone. Nous avons par exemple une pharmacienne qui donne des conseils de nutrition et de détox, le soir. Un avocat peut donner des conseils juridiques, comme une mère de famille peut partager ses trucs. Techniquement, le consommateur achète juste des crédits, qui correspondent à un nombre de minutes au téléphone.* Trois ans après sa création, l'entreprise affiche aujourd'hui 30 000 consultations mensuelles, d'un montant moyen de 30 euros. Quant aux 2 500 experts du réseau *Kang,* ils gagneraient, en moyenne, 850 euros par mois.

Variante de l'économie collaborative, l'économie circulaire permet à la fois de répondre à l'évolution des habitudes de consommation et au renforcement de la réglementation sur les déchets. En France, les emballages secondaires (cartons, plastiques, films étirables, cagettes, etc.) représentent encore plus de la moitié des déchets de la grande distribution. Les emballages en carton en représentent, à eux seuls, plus d'un tiers.

Depuis des années, les distributeurs recyclent leurs déchets en plastique, en papier, en carton, en bois, en verre, ainsi que leurs déchets organiques. Mais beaucoup d'autres catégories de déchets peuvent également être recyclées. En France, 700 hypermarchés ont collecté, pour le compte du groupe *SEB,* plus de 150 000 poêles et casseroles, permettant de recycler plus de 40 tonnes d'aluminium. Le fabricant et distributeur de cosmétiques *Lush* collecte ses pots de crème vides pour les recycler. Un nombre croissant de distributeurs de produits électroniques, comme *Cdiscount*, la *Fnac,* les magasins *Apple* ou *Best Buy,* aux Etats-Unis, reprennent téléphones, tablettes ou ordinateurs usagés pour les reconditionner, puis les revendre. Quelques distributeurs, comme la *Fnac* ou *Habitat,* reprennent aussi des produits usagés pour les revendre en l'état. Si la reprise et la valorisation de produits usagés sont encore une activité de niche, celle-ci est souvent rentable, et se développe rapidement. Elle est source de nombreux emplois peu qualifiés.

Selon Véronique Laury, PDG du Groupe *Kingfisher*, après avoir raté le virage d'Internet, la distribution ne doit pas rater celui de l'économie collaborative. Toutefois, si l'économie collaborative répond aux nouvelles tendances de consommation, elle représente une menace pour de nombreux distributeurs traditionnels. Pour y faire face, quelques grandes enseignes de commerce spécialisé développent leurs propres offres. L'enseigne *Mr Bricolage* a mis en place une plateforme d'échange de biens et services entre particuliers, *ladepanne.fr*. *Auchan*, *Carrefour* ou encore *Ikea* organisent le covoiturage pour leurs clients. *Auchan* permet aux clients qui viennent retirer leur commande *drive* de prendre également celles de leurs voisins. Aux Etats-Unis, *Walma*rt ou *Amazon* rémunèrent les clients qui acceptent de livrer des commandes en ligne. Le *dernier kilomètre* est un enjeu économique majeur.

Ces différents exemples permettent de prendre la mesure d'un nouveau modèle économique, qui voit le travail salarié laisser peu à peu la place à des activités de type *auto entrepreneurs*. Elles représentent plus de 15% des emplois aux Etats-Unis, et sont appelées à se développer. Le travail *labeur* cède ainsi la place au travail choisi, permettant à de nombreux citoyens d'entreprendre et de gagner leur vie autrement qu'en se soumettant à un salariat toujours plus questionné.

Certes, cette révolution n'en est encore qu'à ses débuts, mais la multiplication des plates-formes collaboratives et des *start-up* sur les marchés de l'économie classique constitue une fantastique opportunité pour réconcilier labeur et bonheur.

Sauf à croire en la réincarnation, nous n'avons de fait qu'une vie, et non deux ou dix ! En revanche, durant notre vie humaine, nous avons bien des activités de natures différentes, professionnelles, culturelles, associatives, familiales, sociales, etc. Pourquoi faudrait-il obligatoirement, en fonction de ces différentes activités, découper le temps en parties distinctes et imperméables l'une à l'autre en réservant le bonheur à certaines, et la souffrance à d'autres ? Je pense qu'il faut au contraire savoir vivre chaque instant de nos vies comme des moments uniques, magiques, et qu'il ne dépend souvent que de nous de ne pas subir le temps de la vie, mais au contraire de vivre comme on pense. Car, *A ne pas vivre comme on pense, on finit par penser comme on vit.* [37]

Les plates-formes collaboratives offrent la possibilité à de nombreux individus d'entreprendre comme ils pensent.

Pour finir ce chapitre, arrêtons-nous sur la notion d'entreprise libérée. Je ne partage pas ce vocable qui laisse entendre que l'entreprise serait un lieu d'aliénation. À l'opposé de cette vision, elle est pour moi un lieu de réalisation de Soi, au sein d'un projet et d'une équipe. Parlons plutôt d'entreprise confiante, innovante et responsabilisante car, comme toute organisation, elle pose

---

[37]. Paul Claudel, poète et écrivain français (1868-1955), membre de l'Académie française, frère de la sculptrice Camille Claudel, dans Qui ne souffre pas, réflexions sur le problème social. (Posthume 1958).

la question du *comment vivre et agir ensemble* en sachant se compléter plus que s'opposer.

Dans le chaos potentiel des aspirations individualistes, l'entreprise, à l'instar d'autres institutions, syndicats, églises, administrations, gouvernements, etc. est un élément d'équilibre majeur.

La légitimité des institutions est un défi permanent : agiles et fragiles, elles doivent trouver le juste équilibre entre les attentes des membres de la communauté, et celle du bien commun, en évitant les pièges de l'immobilisme, du clientélisme ou du radicalisme.

La prise de conscience d'un destin commun de l'Humanité, laquelle n'a jamais bénéficié d'autant de ressources accessibles, au cours de son histoire, doit inciter les dirigeants à rechercher des réponses politiques, économiques, sociales et environnementales prenant en compte le bonheur autant que le labeur.

Toutes et tous responsables d'un même destin économique, écologique, politique, sociologique, technique et surtout éthique, nous sommes appelés à travailler ensemble à l'avènement d'une démocratie directe, qui s'appuie idéalement sur des institutions légitimes auxquelles sont déléguées les fonctions dites *régaliennes*, celles du bien commun, fait d'équité, de liberté, de sécurité et de solidarité. [38]

Ce juste équilibre entre les aspirations de chacun et le bien commun est au cœur de l'actualité récente, inspirant des mouvements populaires tels que *Podemos*, les *Veilleurs*, les *Indignés*, les *Pigeons*, les *Printemps arabes* ou *Nuit Debout*. Comment ne pas y voir l'aspiration profonde d'un destin mieux partagé, plus solidaire et

---

38. Lire La transition fulgurante, éditions Bayard (2014) de Pierre Giorgini, Président de l'Université Catholique de Lille.

confiant, plus respectueux du bonheur et du labeur de chacun ?

Force est de constater que la croissance pour la croissance, l'accumulation de richesses pour la richesse ne suffisent pas à nous rendre plus libres et plus heureux, bien au contraire. Le taux de suicide est bien plus élevé dans les pays dits développés que dans ceux dits en développement, je préfère dire en devenir. Nous verrons plus loin que l'Afrique est un bel exemple de devenir.

BIENVEILLANCE ET EXIGENCE

Oser la bienveillance. [39] En intitulant ainsi son livre, Lytta Basset nous invite à sortir des ravages de la doctrine du péché originel qui remonte à plus de 1 600 ans. Cet enseignement central des docteurs de l'Eglise catholique romaine, porté notamment par Saint Augustin, est à la source d'une vision catastrophique de la nature humaine, enfermant inexorablement les hommes et les femmes dans une culpabilité morbide, les privant de toute possibilité de bienveillance. Est-ce vraiment ce qu'a voulu dire Jésus de Nazareth ? Pour ma part, je retiens qu'il nous invite très clairement à être libres et à aimer la vie.

Porter sur soi et sur l'autre un regard bienveillant, c'est prendre le risque de l'Amour de soi comme de l'autre ; oser la confiance en soi et en l'autre, c'est prendre en compte toutes les facettes de la réalité d'une personne en choisissant d'entrer en relation avec elle plutôt que de la condamner *a priori*.

Encore faut-il s'aimer soi-même pour pouvoir aimer l'autre, car dès que nous sommes victimes d'un conflit intérieur, nous nous trouvons en conflit avec l'extérieur. Il m'arrive souvent, pour illustrer cette réflexion, de dire qu'il y a dans la jalousie plus d'amour propre que d'Amour.

L'Amour est la clé de voûte de la bienveillance, autant que de l'exigence. Confronté comme tout être humain à la terrible épreuve du deuil d'êtres chers, c'est dans l'Amour de la vie que j'ai puisé la force de ne pas succomber à la colère, à la culpabilité, au repli sur moi, au malheur. Vivre

---

39. Lytta Basset, philosophe, pasteure et théologienne protestante, née en 1950, dans Oser la bienveillance, éditions Albin Michel (2014).

est exigeant, quand il s'agit de résister au malheur. Cette exigence n'est viable que par la bienveillance.

Le mot bienveillance vient du latin *bene volens*. Il caractérise *une disposition d'esprit visant au bien et au bonheur de l'autre*.

Etre bienveillant, c'est donc vouloir le bonheur de l'autre. Cela suppose de mettre de côté les préjugés et *a priori* ancrés dans notre inconscient. C'est lui, qui, à notre insu, alimente l'essentiel de nos pensées, et donc de nos actes. Il nous fait catégoriser les gens que nous côtoyons, et génère cette pensée *collective* selon laquelle la bienveillance n'a pas sa place dans le monde du travail.

Trop souvent, hélas, la bienveillance est en effet considérée comme naïve, issue de sentiments jugés certes généreux, mais irréalistes. Partant de l'idée que l'Homme est mauvais, nous sommes portés à nous méfier de l'autre, parfois de nous-mêmes, succombant ainsi au dogme du péché originel.

Ni bons, ni mauvais, nous sommes tout simplement libres d'exercer notre pouvoir de vouloir, de choisir, d'agir et d'être. En étant libres, nous acceptons l'incertitude de la liberté autant que la responsabilité de nos actes et pensées. La liberté a pour corollaire la responsabilité, tout comme l'exigence suppose la bienveillance.

Nul ne peut se réaliser, être libre, aussi longtemps qu'il se sent coupable et voit dans l'autre un condamnable. La culpabilité et la méfiance sont des poisons mortifères.

Tous, nous avons besoin que soit porté sur nous un regard exigeant et bienveillant. Un proverbe africain dit : *Un être humain devient humain au travers du regard des autres humains.* De mon côté, je dis souvent que nous ne naissons pas humains, mais que nous le devenons progressivement dans le regard des autres. Si, dès l'enfance, ces regards sont pleins de bienveillance et d'exigence, d'Amour, alors nous grandissons en humanité. Dans le cas contraire, nous risquons fort de succomber aux méfaits de la culpabilité et de la méfiance, et pour finir, de la violence.

 « *En abandonnant la doctrine du péché originel, nous saisissons mieux l'immense enjeu de notre époque. Il devient urgent de quitter l'emprisonnement stérile dans la culpabilité, pour nous ouvrir au dynamisme de la responsabilité, c'est à dire à cet autre qui, à travers les autres, s'intéresse à moi, être humain digne d'exister librement »,* écrit Lytta Basset. A chacun, chacune de nous d'oser la vie relationnelle. Sortir de son enfermement, des préjugés, d'une culpabilité infantilisante et aliénante demande du temps et du courage.

Dans son livre, *La stratégie de la Bienveillance* [40], Juliette Tournand développe l'idée selon laquelle, victimes des injonctions de nos préjugés conscients et inconscients, nous nous réfugions le plus souvent dans l'isolement, le repli sur nous, le doute, voire la culpabilité. Au fil des pages de ce remarquable ouvrage, elle démontre comment la bienveillance permet de s'affranchir du fléau qui nous fait ignorer nos talents et craindre l'autre.

Le désaccord fait partie de nos vies humaines, et il faut savoir le surmonter, en faire une source d'énergie positive qui, en acceptant l'altérité, la diversité et la réciprocité, permet d'être tout à la fois auteur de ses choix, de ses actes, de sa vie, tout en laissant aux autres la même liberté de se réaliser.

Juliette Tournand nous rappelle que la nature nous invite à cette coopération intelligente : la biodiversité est la clé de la vie biologique. Chaque espèce, chaque

---

40. Juliette Tournand, écrivain et coach, Stratégie de la Bienveillance, ou l'intelligence de la coopération, InterEditions Dunod (2010 - 2ème édition).

individu de l'une de ces espèces, est à la fois partenaire et adversaire des autres individus et espèces, et c'est bien la coopération entre espèces et individus qui rend la vie possible. Il suffit d'un infime dérèglement des écosystèmes, dans lesquels vivent les individus de différentes espèces, pour que beaucoup disparaissent. C'est le plus parfait exemple de la nécessité d'une intelligence collective : si chacun comprend le rôle de l'autre dans l'équilibre-déséquilibre global de l'écosystème perçu comme source de la survie de chacun, la compétition devient dynamique de coopération, et non une mécanique d'opposition suicidaire.

Pour démontrer la réalité de cette vision d'une compétition qui devient source de coopération, Juliette Tournand emprunte à Robert Axelrod[41] le modèle d'un tournoi stratégique qui amène les joueurs à choisir ou non de coopérer. Au fil des pages de son ouvrage, elle démontre, en s'appuyant sur de nombreux témoignages et exemples, que la bienveillance est la manière la plus efficace de gagner le tournoi.

Ce qui fonde le succès de la stratégie de la bienveillance, c'est le choix du juste équilibre entre soi, l'autre et les autres, équilibre à trouver ensemble dans l'écosystème déséquilibré dans lequel on interagit.

Ce qui porte la stratégie de la bienveillance, c'est un rêve partagé et des objectifs communs. Loin d'être un consensus mou ou par défaut, la stratégie de la bienveillance est exigeante. Elle conduit à sortir de la haine de soi et de l'autre, et à oser la coopération et la relation, sans jamais se soumettre à la tentation de

---

41. Robert Axelrod (né en 1943), universitaire américain expert de la théorie des jeux, dans Comment réussir dans un monde d'égoïstes - Théorie du coopératif, Odile Jacob (2006).

domination de l'autre, sans jamais renoncer à sa liberté comme à celle de l'autre.

Etre bienveillant et exigeant, c'est choisir la liberté, l'altérité, la diversité, la réciprocité, c'est voir la réalité, les gens pour ce qu'ils sont et pour ce qu'ils font, non pour ce que nous les jugeons.

Etre bienveillant et exigeant, c'est établir une relation sincère, courageuse et pleine de tact avec soi, comme avec l'autre. Cela suppose de ne pas succomber aux préjugés qui trop souvent polluent notre regard sur le monde.

Être bienveillant et exigeant, c'est refuser tout acte de malveillance et tout comportement blessant, c'est maîtriser sa méfiance, sa colère, sa peur de l'autre. C'est oser l'Amour.

Véritable discipline de l'esprit, la quête du juste équilibre entre l'exigence et la bienveillance nous invite à toujours plus d'intelligence et d'Amour.

« *Pourquoi nous haïr ? Nous sommes solidaires, emportés par la même planète, équipage d'un même navire. Et s'il est bon que des civilisations s'opposent pour favoriser des synthèses nouvelles, il est monstrueux qu'elles s'entre-dévorent. Puisqu'il suffit, pour nous délivrer, de nous aider à prendre conscience d'un but qui nous relie les uns aux autres, autant le chercher là où il nous unit tous. [...]... chaque sentinelle est responsable de tout l'empire. [...]Quand nous prendrons conscience de notre rôle, même le plus effacé, alors seulement nous serons heureux.* » [42]

Dans ce texte, Antoine de Saint Exupéry nous invite à nous poser les questions suivantes :

- Si je n'avais pas peur, pas honte, si j'osais la confiance, qu'est-ce que je ferais ?

---

42. Antoine de Saint Exupéry, dans Terres des hommes (1939).

- Suis-je capable de laisser mon ego au placard en me souvenant qu'il est mon premier ennemi ?
- Suis-je capable d'être libre avec, et non contre ?

L'Amour permet de répondre à ces questions. Il nous appelle à nous réaliser, à développer nos potentialités, à donner le meilleur de nous, en toute liberté, mais aussi en grande complicité. Henri Boulard[43] écrit : « *Le mariage est la forme la plus profonde et la plus totale de l'Amour. Il engage toute notre personne, nous invite à vivre notre identité dans l'intimité du couple.* » Vivre en couple est une aventure exigeante qui ne peut durer, que si l'on accepte d'être libre en toute altérité avec son partenaire, et non contre ou à côté.

Ce qui est vrai dans un couple l'est dans notre rapport aux autres. Nous ne sommes pas propriétaires de l'autre, mais partenaires solidaires. Dire « *ma femme, mes enfants, mes collaborateurs, etc.* » est pour moi une faute de l'esprit qui conduit à une vision égotique de la relation à l'autre.

Pour illustrer cette idée, je m'inspire du texte de Gibran Khalil Gibran[44], souvent lu lors des cérémonies de mariage :

« *Qu'il y ait des espaces dans votre communion, et que les vents du ciel dansent entre vous. Aimez-vous l'un l'autre, mais ne faites pas de l'Amour une entrave : qu'il soit plutôt une mer mouvante entre les rivages de vos âmes. Emplissez chacun la coupe de l'autre, mais ne buvez pas à une seule coupe. Partagez votre pain, mais ne mangez pas de la même miche. Chantez et dansez ensemble, et soyez joyeux, mais demeurez chacun seul, de*

---

43. Henri Boulard, écrivain et prêtre jésuite égyptien, dans Mourir c'est naître, éditions Médiapaul (2015).
44. Gibran Khalil Gibran, poète et peintre libanais (1883-1931), dans Le Prophète (1923), Albin Michel (1996).

même que les cordes d'un luth sont seules, cependant qu'elles vibrent de la même harmonie. Donnez vos cœurs, mais non pas à la garde l'un de l'autre, car seule la main de la vie peut contenir vos cœurs. Et tenez-vous ensemble, mais pas trop proches non plus, car les piliers du temple s'érigent à distance, et le chêne et le cyprès ne croissent pas dans l'ombre l'un de l'autre. »

Ouvrir les bras, les mains, son cœur, et laisser s'exprimer tous nos sens, c'est ouvrir et dépasser les limites de son ego, c'est s'augmenter de l'autre et nous augmenter en lui, c'est oser la force bienveillante de l'Amour.

Trouver la juste distance entre le chêne et le cyprès, afin que chacun puisse sortir de l'ombre et bénéficier de la force vivifiante de la lumière du soleil, est le défi quotidien de notre relation à l'autre, aux autres. Chêne et Cyprès rejoignent les porcs-épics !

Pour conclure cette réflexion, je vous invite à méditer cette parole de Thomas d'Aquin : « *Je ne cherche pas à vaincre mon adversaire, mais à m'élever avec lui vers une vérité toujours plus haute.* »[45]

Exigeants et bienveillants, il nous faut savoir vaincre notre ego et nos peurs, oser être confiants, et laisser jaillir la vie faite de merveilles autant que de monstruosités. Confrontés à ces dernières, il faut alors se souvenir que rien ne se bâtit durablement sur du négatif.

Les Japonais ont une bien jolie manière de traiter les porcelaines et céramiques brisées lors d'un choc. Loin de les mettre au rebut, ils les confient à des artisans experts dans l'Art du *Kintsugi*. Ces derniers, à l'aide de laques saupoudrées d'or ou d'argent, reconstituent la pièce cassée. Ils lui redonnent son intégrité et son étanchéité, et

---

45. Thomas d'Aquin, moine dominicain italien (1224-1274) dans Summa theologiae, œuvre inachevée, écrite entre 1266 et 1273.

plus encore, une identité retrouvée et renforcée par la présence de cette fêlure. Loin d'être dissimulée, celle-ci est au contraire mise en valeur et renforce celle de l'objet réparé. Sur le marché de l'Art, les porcelaines et céramiques *Kintsugi* sont très recherchées.

Il y a dans la pratique du *Kintsugi* un fort joli message, celui de la résilience aux épreuves de la vie. Exigeantes, nos fêlures ne sont supportables, que si nous savons les regarder et les accepter avec bienveillance, forts de ce qu'elles nous ont enseigné.

CONFIANCE ET RECONNAISSANCE

« Ne dites jamais aux gens comment faire quelque chose, dites-leur quoi faire, et ils vous étonneront par leur ingéniosité. » [46]

Bien souvent, l'acte de confiance est trahi par un excès de surveillance ou de prescriptions défiantes. C'est oublier que la surveillance n'est jamais l'assurance d'un bon résultat, et que bien au contraire, plus elle est tatillonne, plus elle est source potentielle d'erreurs et de désengagement.

J'aime évoquer cette formule d'un ancien chef de la marine, quand il parlait de la confiance : *« Il y a deux attitudes quant à la confiance à accorder à ses subordonnés : la leur donner a priori, quitte à la leur ôter s'ils ne s'en montrent pas dignes, ou bien attendre de les connaître pour la leur accorder. Cette dernière est mauvaise, car la défiance engendre la défiance, et vous ne sortirez pas de ce cercle vicieux. »* [47]

Jeune officier, âgé de 21 ans, j'embarque sur un navire dont le commandant est un homme qui a vécu bien des épreuves, au cours d'une riche carrière au service de la France des années 1950/1960 (conflits d'Indochine et d'Algérie). Il a perdu une jambe en sautant sur une mine, lors d'une opération en Algérie. De haute stature, élégant et toujours souriant, c'est un personnage d'une grande humanité. Il m'accueille à bord très chaleureusement, alors même que je ne suis affecté que pour quelques

---

46. Général américain George S Patton (1885-1945), cité dans Patton, Yannis Kadari, éditions Perrin 2011.
47. Amiral Albert Joire-Noulens (1915-2010), chef d'état-major de la marine de 1974 à 1976 (discours d'adieu le 29 juin 1976 à l'Ecole Navale).

semaines, en renfort, à la suite de l'inaptitude temporaire d'un des officiers de ce navire.

La tradition maritime veut qu'un commandant, avant de confier la responsabilité d'officier chef du quart[48] à un officier nouvellement embarqué, le fasse accompagner par un officier expérimenté, auprès duquel il va exercer la fonction *« en double »*. Pendant cette mise à l'essai, le commandant se tient régulièrement sur la passerelle pour voir comment se comporte le nouvel officier, et ce n'est généralement qu'après plusieurs jours, voire, plusieurs semaines, qu'il le titularise chef du quart.

Dès l'appareillage, le matin, à 08h00, je suis de quart en double, pour un premier quart. Le commandant se tient en passerelle et observe ce qui s'y passe, sans intervenir. Le quart suivant, en fin d'après-midi, il est également présent. Le signal de sa présence est un petit bruit, celui du Clic quand il dépose sa prothèse de jambe à côté de son fauteuil, une fois assis, et du Clac quand il la remet. Clic-Clac. Ce bruit est, pour moi, lié à la notion de confiance.

Le lendemain, je suis de nouveau de quart en double, de 04h00 à 08h00, le matin, puis l'après-midi, de 15h00 à 18h00. Le commandant est présent une partie du temps, en particulier pendant le quart de l'après-midi, alors que nous naviguons dans un détroit. Mon officier mentor me confie le soin de donner les ordres de route et de vitesse et de porter les points sur la carte de navigation, ce que nous faisons toutes les cinq minutes, car nous naviguons à proximité des côtes. Tout se passe bien. L'équipe de quart, composée d'un barreur, d'un servant de transmetteur d'ordres aux machines, d'un timonier, d'un veilleur et

---

48. Celui qui manœuvre le navire depuis la passerelle, tandis que le commandant peut dormir ou vaquer à ses occupations, de jour comme de nuit.

d'un chef timonier, est très professionnelle et m'apporte son aide avec beaucoup de bienveillance.

Vient la nuit suivante. Je suis à la passerelle, pour effectuer le quart de minuit à quatre heures que les marins nomment *le Zeraq* (diminutif de zéro à quatre heures)[49]. Nous naviguons à proximité de la côte, dans une zone de trafic maritime assez dense. La météo est bonne, vent faible, ni pluie, ni brume, une houle peu formée, imprimant au navire de lents mouvements de roulis et tangage. La lune, qui s'est levée en début de nuit, éclaire l'horizon et les côtes où apparaissent quelques lueurs citadines et les éclats des phares qui balisent le littoral. Le commandant est sur la passerelle.

Vers minuit trente, alors qu'avec l'équipe de quart nous avons bien la situation en main, le commandant se lève *(Clac)* de son fauteuil et dit à mon mentor d'aller se coucher, car il me confie le quart. Tout à la fois surpris et ému par cette décision, je prononce alors la formule règlementaire : *Enseigne de vaisseau Lajous, je prends le quart,* et me voilà lâché !

Quelques minutes plus tard, le commandant se penche sur la table à cartes, puis rédige ses ordres pour la nuit sur le journal de navigation. Cela ne prend que quelques minutes. Il laisse la lumière rouge[50] de la table à carte allumée pour que je puisse prendre connaissance de ses ordres. Ils sont très courts : *suivre la route tracée sur la carte et me prévenir en cas de difficulté.*

Me voilà bien perplexe ! Le commandant quitte la passerelle en me souhaitant bon quart. Je lui réponds machinalement *bonne nuit commandant*, et n'ose lui dire

---

49. Lire l'ouvrage Zeraq, la mer sur le vif, éditions L'Elocoquent (2011), prix du meilleur livre de mer 2012.
50. La nuit, pour ne pas être éblouis et voir ce qui se passe sur l'eau, la passerelle est placée en lumière rouge.

toutes mes interrogations. Je ne suis à bord que depuis quelques heures, et ne connais pas bien les équipes, ni les particularités du navire. Je me rassure en me disant que le commandant sait ce qu'il fait, et que je peux compter sur l'équipe de passerelle.

Peu après le départ du commandant de la passerelle, je me rapproche du premier-maître timonier, personnage important à bord de tout navire, expérimenté et fin connaisseur des techniques de navigation. Je lui dis : *Patron*[51], *il va falloir m'aider car je ne suis pas encore complètement à l'aise avec le navire. Je compte sur vous.* L'intéressé éclate alors de rire et me dit avec beaucoup de sympathie : *Ah lieutenant, le vieux*[52] *ne se trompe jamais. Cet après-midi il m'a dit qu'il vous lâcherait de quart cette nuit, car il vous trouvait prêt et capable. Il m'a dit ensuite : si au bout d'un quart d'heure il n'est pas venu te demander un coup de main, tu me préviens et je remonterai à la passerelle. Voyez-vous, lieutenant, le vieux et moi, on se connaît depuis qu'il a perdu sa jambe, et nous ne nous sommes jamais quittés depuis. Il sait reconnaître les gens capables. Bien sûr qu'avec l'équipe de quart, on est là pour réussir avec vous, lieutenant.*

Par cette confidence, cet homme remarquable me permettait de comprendre toute la subtilité bienveillante du commandant qui, connaissant bien son équipage, me permettait de prendre confiance en moi avec le soutien d'une équipe expérimentée et solidaire.

La confiance se base sur la connaissance intime que l'on a de ses équipes. Elle est un pari : celui de croire en l'autre, en sa capacité de relever le défi de la responsabilité en s'appuyant sur les talents de chacun au

---

51. C'est ainsi que l'on appelle les officiers-mariniers chefs d'équipes dans la marine nationale.
52. Appellation courante du commandant à bord d'un navire.

sein d'une équipe. Je n'ai jamais oublié cet épisode marquant de ma vie de jeune officier et, une fois commandant, j'ai agi de la même manière.

Faire confiance, c'est savoir être reconnaissant envers tous ses équipiers, c'est choisir de faire réussir plus que de punir.

« C'est un sentiment parfois difficile à exprimer, mais chaque personne a conscience du fait qu'elle en a profondément besoin. » C'est en ces termes que le psychologue Abraham Maslow[53] et le sociologue Edgar Morin[54] définissent la reconnaissance comme besoin vital inhérent à la nature humaine.

La confiance et la reconnaissance au travail sont les premiers facteurs de motivation des salariés. Pourtant, rares sont les dirigeants enclins à l'inscrire dans leurs pratiques managériales. Cela conduit à un désengagement des salariés, au présentéisme et à l'absentéisme, voire au désespoir psychologique et au burn-out, fléaux récurrents dans les entreprises soumises à un *management* défiant.

Laure Becker, consultante RH en *management*, *coach* et auteure du livre *L'Art de la reconnaissance au travail*[55] écrit : « *Aider un collaborateur à développer ses compétences, son potentiel, son réseau relationnel et son équilibre personnel, c'est lui rendre service et, dans le même temps, rendre service à l'entreprise. Car le travailleur sera moins vulnérable au stress, et par conséquent, plus efficace et plus fort face aux sources potentielles de frustrations ou de démotivation.* »

---

53. Abraham Harold Maslow (1908-1970), psychologue américain, dans Une théorie de la motivation et des besoins.
54. Edgar Nahoum dit Morin, sociologue et philosophe français, dans La complexité humaine.
55. Laure Becker, coach, L'Art de la reconnaissance au travail, InterEditions (2015).

Laure Becker rappelle que la mission du *manager* est doublement délicate : il doit faire réussir les personnes ensemble, quels que soient leurs talents et leurs motivations. Cela signifie qu'il faut savoir encourager chacun, mais aussi, surtout, l'équipe. Une confiance et une reconnaissance *à plusieurs vitesses* risquent fort de générer des frustrations chez ceux qui auront le sentiment qu'ils sont moins reconnus. S'il faut savoir reconnaître les talents de chacun et récompenser les meilleurs, cela ne doit pas se faire en rabaissant les autres. Car c'est dans le regard des autres que nous puisons notre confiance en nous. Là est le lien subtil entre confiance et reconnaissance.

De son côté, Alexandre Ginoyer, auteur du livre *Les Clés du management* [56], écrit : « *Il y a une victoire à aller chercher, tous ensemble, chacun dans son rôle* », et précise que chaque rôle a son importance et doit être reconnu. On retrouve là mon image de la chaîne et de son *maillon faible*.

Alors que je commandais une frégate, engagée au sein d'une force aéronavale internationale dans l'opération *Enduring Freedom,* lors du conflit en Afghanistan, en 2001-2002, l'explosion d'une vanne vapeur dans le compartiment machine d'un croiseur américain avait tué trois marins. Les mécaniciens de l'équipage de notre frégate, frappés par cet événement, étaient inquiets lorsqu'ils travaillaient dans les compartiments machines du navire.

Le chef mécanicien et le commandant adjoint équipage (RRH à bord), craignant des réactions inadaptées, me demandèrent d'adresser un message rassurant à l'équipage. Plutôt que de suivre cette demande, je choisis

---

56. Alexandre Ginoyer, consultant, Les clés du management, Les Mini Guides Ecolibris (2010).

de me rendre, la nuit suivante, vers une heure du matin, dans le compartiment de la machine avant du navire, et d'y passer une heure en compagnie du matelot rondier.

Après l'avoir accompagné dans sa ronde, et une fois assis tous les deux sous une vanne vapeur du même type que celle, défaillante, du croiseur américain, nous parlâmes tranquillement de son métier et de ses préoccupations, mais aussi de sa famille et de ses perspectives d'avenir. En le quittant, après avoir passé une heure en sa compagnie, dans le compartiment de la machine avant, je lui souhaitais bonne fin de quart et lui dis : *je compte sur toi.*

Le lendemain, dans la journée, tous les mécaniciens du bord savaient que *le vieux* avait passé une heure dans le compartiment de la machine avant, et qu'il était serein. Les inquiétudes étaient surmontées. Quant au jeune matelot, il savait que je comptais sur lui et lui faisais confiance. La meilleure reconnaissance est de donner à chacun pleine conscience de l'importance de son rôle dans l'organisation.

Quelle forme la reconnaissance doit-elle prendre ? Si elle varie d'un individu à l'autre, selon sa personnalité, son vécu, son expérience, et du contexte du moment, elle consiste principalement à donner du sens à chaque tâche, à ne pas laisser penser que certaines sont inférieures à d'autres. L'image de la chaîne et de ses maillons solidaires est alors un précieux outil de compréhension du rôle que chacun doit tenir. Encourager chacun, à bien faire ce que l'on attend de lui, est signe de confiance et de reconnaissance.

Les *managers* doivent s'approprier cette attitude encourageante. Ils ne peuvent pas se contenter d'exiger des résultats, de la performance, de l'implication, etc. Chaque individu possède, en lui-même, les clés de sa motivation. Ce n'est qu'à travers un dialogue confiant et reconnaissant, qu'un *manager* peut les découvrir, les encourager et les mobiliser au service du projet, de la mission.

« *L'équipe, qui gagne, n'est pas seulement celle qui rassemble les champions, mais celle qui est cohérente et sincère dans la solidarité et la liberté. Dans cette équipe, le chef est celui qui sait faire naître cette solidarité et cette liberté.* » [57]

Encourager la liberté et la solidarité est d'autant plus difficile que nous vivons dans un monde en rapide et profonde mutation. La tentation est alors grande, de renforcer les structures hiérarchiques et de contrôler toutes les activités dans leurs moindres détails, en multipliant les indicateurs et tableaux de bord, les normes et les règles. C'est tout l'inverse qu'il faut, au contraire, oser pour libérer les talents et les énergies.

L'entreprise est aujourd'hui confrontée à des transformations majeures de son champ concurrentiel, que ce soit dans le domaine économique, sociétal, ou technologique. Elle doit répondre à cette mutation, qui n'est pas une crise, par toujours plus d'adaptabilité, de réactivité, d'orientation client et de veille sur son environnement. Elle doit surtout libérer l'initiative et la créativité de chacun de ses collaborateurs, en privilégiant la subsidiarité et la responsabilité.

Liberté et responsabilité sont étroitement liées, tout comme le sont la sincérité et la confiance. Les ennemis de la confiance sont la manipulation, la trahison, l'incompréhension, les postures et les non-dits. S'il faut beaucoup de temps pour construire la confiance, il en faut très peu pour qu'elle s'effondre. Entretenir la confiance suppose un effort permanent de résistance à nos propres

---

57. Gérard Mulliez, fondateur du groupe Auchan, lors d'une interview à La Voix du Nord en 1969.

ennemis que sont la colère, la fatigue, la peur, l'ego, le jugement. Albert Camus écrit à ce sujet : « *J'ai connu le pire, c'est-à-dire le jugement des hommes.* »[58]

Théodore Roosevelt[59] dit : « *Le bon dirigeant est celui qui se laisse entourer par les meilleurs, et se retient d'interférer dans leur travail.* »

Rares, hélas, sont les dirigeants capables de ce lâcher-prise, de cette confiance. Ils sont nombreux à multiplier les systèmes de contrôle de l'activité de leurs collaborateurs.

Les systèmes sont devenus fondamentalement coercitifs. La coercition, c'est la production exponentielle des procédures – process ou processus – de systèmes de reporting et d'indicateurs – les fameux Key Performance Indicators (KPIs). Certes, il n'est pas possible de travailler sans règles et sans procédures. Mais le problème, c'est que les dirigeants ne sont pas capables d'arrêter le curseur. Le pousser trop loin montre qu'ils n'ont aucune confiance dans ce que les Hommes sont capables de faire. J'observe que les entreprises ont une étonnante capacité à détruire la confiance. Dès lors qu'elles souhaitent substituer à l'initiative, à la bonne volonté ou au sérieux de leurs salariés, des processus et des contrôles renforcés, elles font passer un message clair de défiance. L'excès de procédures n'est autre que la marque de ce manque de confiance[60].

---

58. Albert Camus, écrivain français (1913-1960), dans La chute, (1956).
59. Théodore Roosevelt, Homme d'Etat américain (1858-1919), Président des Etats-Unis de 1901 à 1909, écrivain, explorateur et naturaliste, dans La vie intense, (1902).
60. Jean-Pierre Dupuy, professeur de philosophie sociale et politique à l'Ecole Polytechnique et Stanford, dans L'avenir de l'économie, éditions Flammarion (2012).

L'être humain réagit toujours vivement aux *stimuli* positifs ou négatifs qui se présentent à lui, et le plus souvent il privilégie son intérêt, tout en étant rempli de doutes sur la pertinence de son comportement. Pour se réaliser, il cherche le plus souvent à être autonome, compétent et apprécié.

Une fois ces pulsions satisfaites, il devient plus épanoui, et donc actif et créatif. Ainsi, ce dont nous avons besoin dans nos organisations, au-delà d'un meilleur *management*, c'est d'une véritable reconnaissance de l'autonomie. Cela passe par la confiance en soi et en l'autre.

En soi d'abord. Rien n'est plus important que d'avoir le contrôle de son emploi du temps, et d'être capable de le gérer harmonieusement, en alternant les périodes d'action et celles de réflexion. Chronos (le temps chronométrique), Kairos (le temps de l'opportunité), Scholé (le temps de l'école, de l'apprentissage) et Diatribé (le temps du dialogue, du partage d'idées), sont les quatre temps du Temps, tels que définis par les savants grecs de l'Antiquité. Prisonniers du Chronos et du Kairos, nous oublions le Scholé et le Diatribé, qui sont pourtant si précieux, pour gagner en créativité et liberté, en autonomie responsable, en confiance.[61]

En l'autre ensuite. Cela passe par l'absolue conviction que l'autre est tout aussi important que nous, tout aussi capable, et qu'il faut se garder de vouloir l'enfermer dans un rôle strictement borné. Plus on croit en la capacité de l'autre d'être celui ou celle qui saura trouver et proposer une idée, plus on ouvre les portes à l'innovation, à l'intelligence collective et à son incroyable créativité.

Le contrôle implique trop souvent la soumission, tandis que l'autonomie encourage l'implication. S'il existe des

---

61. L'Art du temps, Olivier Lajous, L'Harmattan (2015).

êtres humains préférant une certaine soumission, par peur de s'impliquer, de se réaliser par eux-mêmes, et préférant reporter sur les autres les raisons de leur mal être, il en est d'autres, très nombreux, qui, à l'inverse, cherchent l'autonomie pour se réaliser, pour entreprendre.

Cessons de croire qu'un jeune n'a pas de compétence, car pas d'expérience, un senior pas de compétence, car dépassé par l'accélération technologique, une femme pas d'autorité, car trop émotive, un individu, issu d'une culture étrangère, incapable de s'adapter à celle de l'entreprise, etc. Ces préjugés doivent être combattus sans relâche.

Faire confiance, être bienveillant, c'est oser l'autre sans le catégoriser sur la base de clichés ou de préjugés, c'est faire le pari de sa compétence, de son appétence, de sa mobilisation, dès lors qu'il se sentira reconnu et soutenu dans ses efforts.

Faire confiance, c'est accepter l'incertitude, c'est aimer voir jaillir la vie et, comme le dit Blandine Mulliez : « *Faire confiance, c'est aussi ouvrir la porte à sa vulnérabilité.* » [62]

Depuis que l'Homme est Homme, il cherche à fuir l'incertitude, à se rassurer en bâtissant des grottes et des murs, espérant ainsi échapper à son incommensurable vulnérabilité. Ce n'est qu'au moment où il réalise que la vie ne peut se résumer à une assurance vie, à un principe de précaution absolu, qu'il devient réellement vivant, prêt à cheminer en affrontant le risque de la vie !

Bâtir une vie sur des peurs ne peut rien apporter de bon. Un proverbe chinois dit : « *Quand souffle le vent du changement, il y a ceux qui dressent des murs, et ceux qui bâtissent des moulins.* » Aucun mur ne résiste au

---

62. Blandine Mulliez, présidente de la Fondation Entreprendre, lors d'un entretien avec Deloitte en février 2016.

jaillissement de la vie, et c'est lorsque nous sommes agiles et fragiles que nous sommes vraiment vivants.

AGILITE ET FRAGILITE

Ephémère… ce mot est pour moi évocateur d'un très beau souvenir d'enfance, alors que je passais une partie de mes vacances d'été, au début des années 1960, dans le village de Villemur sur Tarn, en Haute Garonne. Mon grand-père paternel, que je n'ai pas connu (il est mort un an jour pour jour avant ma naissance), y était propriétaire d'une maison familiale et d'une briqueterie qu'il avait acquises, l'une et l'autre, après avoir été ingénieur des chemins de fer du midi et survécu aux combats dans les tranchées de Verdun.

C'était une maison pleine d'odeurs, qui comme toutes les maisons familiales, vivait au rythme des gens qui y résidaient, qui avait une âme à force de recueillir les bonheurs et les malheurs, les étreintes des amants et les râles des mourants, les petites joies et les grands drames de la vie d'une famille. La vie familiale, même meurtrie, est la *première terre* de l'enfant, dans laquelle il enracine sa croissance, homme ou femme toujours en devenir, mais à jamais reliée à son enfance, à sa famille, à ses racines affectives autant que génétiques.

La famille est belle, car elle nous rappelle que nos corps sont issus d'autres corps, nos esprits portés par d'autres esprits. La famille accompagne la vie comme la mort, elle est le sanctuaire de la vulnérabilité des êtres. La famille est le fondement de l'apparition de la vie, celle de la procréation d'un être humain issu de l'étreinte d'un homme et d'une femme, la condition de l'histoire humaine au-delà des progrès de la science qui permettent désormais la procréation assistée, effrayante porte ouverte à la manipulation génétique, si elle n'est pas très strictement et éthiquement contrôlée.

Tout homme naît d'une femme. Cette femme, ma maman, avait une cousine qui portait le joli prénom de Blanche. C'était une femme d'une grande élégance, généreuse et aimante, qui chaque été venait passer quelques jours chez nous. Elle aimait marcher sur les rives du Tarn, et j'aimais partager ses marches. Tandis que nous cheminions ensemble, elle me parlait de la nature, de son éternel recommencement, de la vie éphémère, fragile, et pourtant si présente et puissante en chacun de nous.

Un soir, nous avions, ensemble, franchi le pont suspendu qui traverse le Tarn au cœur de Villemur. Les réverbères du pont étaient littéralement couverts d'une incroyable multitude d'éphémères, ces étonnants insectes que les entomologistes désignent comme plancton aérien. Ils se reproduisent dans l'eau, vivent le temps d'une journée en tournoyant d'un vol indéfini, le jour à la lueur du soleil, la nuit à celle des réverbères, et meurent au lever du jour.

Ebloui par la beauté de ce spectacle magique, j'avais demandé à Blanche de me parler de ces drôles d'insectes aux ailes translucides aussi envoutantes que la belle robe blanche que portait Blanche. Avec tendresse, elle m'avait parlé des éphémères, en les comparant aux anges. Le soir, avant d'aller dormir, j'avais dessiné le pont, ses réverbères et les éphémères tournoyant en multitude dans leur lumière blanche, puis offert ce dessin à Blanche qui m'avait remercié d'un tendre baiser.

Le lendemain matin, une fois le petit-déjeuner pris, j'avais demandé à Blanche de m'amener sur le pont pour voir les éphémères. Alors que nous arrivions sur le pont, son plateau était comme recouvert de neige. Les éphémères, morts au lever du jour, recouvraient le pont d'un matelas blanc...ce spectacle incroyable fut pour moi la source d'un grand chagrin qui me fit pleurer à chaudes larmes, tandis que je demandais à Blanche pourquoi les anges devaient ainsi mourir. Emue par ma réaction, elle m'expliqua que les anges ne meurent pas vraiment, mais sans cesse veillent sur nous. Et alors que nous poursuivions notre marche, les agents municipaux commençaient à balayer le pont en ramassant les éphémères !

Je n'ai jamais oublié ce moment, ni ma chère Blanche aujourd'hui disparue, mais pour toujours présente dans mon cœur, reine merveilleuse de l'éphémère qu'elle m'a aidé à comprendre comme le symbole d'une éternelle renaissance. Chaque jour de nos vies est renaissance, dès lors que nous osons aimer et rêver, que nous acceptons d'écouter nos sens et nos émotions.

Agile… Ce mot est pour moi évocateur de bien des souvenirs, ceux de ma vie de marin. Naviguer de longues semaines sur tous les océans m'a en effet conduit à vivre et comprendre l'agilité. Sans cesse, quand on est un marin embarqué à bord d'un navire, il faut être prêt à s'adapter à l'humeur de l'océan, à ses longues houles paresseuses qui vous bercent au rythme lancinant d'une langueur apaisante, puis soudainement s'accélèrent et chahutent les estomacs. Dans la tempête, il faut garder le cap, rester en éveil, se tenir en équilibre, tandis que l'on est soumis aux rudes mouvements du tangage, du roulis, et aux lacets du navire traçant vaille que vaille sa route dans la mer déchaînée.

L'agilité est cette faculté qui nous conduit à nous adapter sans cesse à notre environnement, à ne pas nous laisser emporter dans la tourmente des événements qui surgissent invariablement dans nos vies. Quand survient l'imprévu, ce qui est fréquent, il nous faut, tous nos sens en éveil, ressentir les gens et les choses, tenter de déceler ce qui peut se passer, et toujours rester en équilibre entre action et réflexion, émotion et raison.

En mer, j'ai appris à me fier à mes sens. La mer est en effet toute à la fois bruyante, odorante, éblouissante, liquide et salée, invitant nos cinq sens à l'éveil. De jour comme de nuit, il faut, pour naviguer en sécurité, entendre son souffle lent ou rapide, sentir son odeur plus ou moins saline, voir sa couleur tantôt bleue et lumineuse, tantôt grise et sombre, et puis recevoir ses embruns humides qui mouillent les visages et imprègnent les bouches de son goût salé. Sans cesse changeante, différente selon les latitudes et longitudes, la mer nous enseigne l'agilité. C'est elle qui fixe le temps, vous impose son rythme. J'ai adoré cette réponse du double vainqueur du Vendée Globe, Michel Desjoyeaux, à la question d'un journaliste lors de son arrivée aux Sables-d'Olonne en 2009 : *Que retenez-vous de cette victoire ? ; Elle (la mer) m'a laissé passer.*

C'est aussi à mes sens que je faisais confiance pour m'aider à percevoir l'humeur de l'équipage. Pour déceler à temps, la fatigue ou le stress des marins, pouvant être sources d'erreurs et d'accidents, pour être attentif à leurs comportements et aux réactions des marins, il faut savoir les écouter et les regarder. Ressentir l'humeur de l'équipage, afin de prévenir les inquiétudes, les colères et les accidents, est un impératif de performance et de sécurité pour tout commandant de navire, comme pour tout dirigeant d'entreprise.

Etre agile, pour finir, c'est utiliser nos sens et donner du sens. Il s'agit d'un subtil et éphémère équilibre, sans cesse en devenir. On retrouve là le tact de Michel Serres et les porcs-épics de Schopenhauer.

Voilà la boucle bouclée. Merci Blanche de m'avoir, dès l'enfance, appris que l'agilité et la fragilité permettent de vivre heureux dans l'éphémère. Il nous suffit de faire confiance à nos sens, d'accepter de lâcher prise et de nous laisser envahir par le plaisir que peut procurer l'odeur délicate d'un parfum, la vue d'un bel objet, l'audition d'une envoutante mélodie, le toucher sensuel d'une draperie soyeuse, le goût raffiné d'un met ou d'un breuvage.

Merci Blanche de m'avoir appris l'Amour, ce sentiment indéfinissable qui rend la famille si précieuse. L'Amour est ce lien indéfinissable qui lie des personnes entre elles au sein d'une famille, qui les conduit à remplacer le besoin par l'envie, la passion par la construction.

Lente et exigeante construction, celle d'un lien unique et magique qui donne du sens à nos vies, qui aide à trouver ensemble le bonheur, à l'entretenir, le partager et le vivre en sachant se réjouir de l'instant, l'Amour nous invite à la sincérité, l'agilité, la fragilité.

Agile et fragile, la famille est un lieu d'Amour. Elle accepte la fragilité, invite à la sincérité, apaise les sentiments et favorise le raisonnement.

Les rapports humains sont sans doute plus légers, lorsque l'on ne vit pas en permanence les uns sur les autres. Cela diminue les tensions. La juste distance reste un défi permanent à relever au sein de toute famille, comme dans toute organisation humaine. Une présence exigeante et bienveillante, jamais trop prégnante, mais toujours aimante, permet à un individu de se construire.

Dans son livre consacré à l'Amour, Luc Ferry [63] écrit que « *L'Amour est la source de la famille moderne, porteur de sens et de construction d'une humanité solidaire et responsable.* »

Pour conclure cette réflexion sur notre fragilité agile, ou notre agilité fragile, permettez-moi ce partage

---

63. Luc Ferry, philosophe français, ancien ministre de l'Education Nationale, dans De l'Amour, une philosophie pour le XXIème siècle, éditions Odile Jacob (2014).

philosophique emprunté à Tenzin Gyatso, 14ème et actuel Dalaï Lama : *« La meilleure religion, philosophie ou culture est celle qui fait de toi une meilleure personne, c'est-à-dire qu'elle te remplit de compassion, te rend plus sensible, plus détaché, plus aimable, plus responsable, plus respectueux d'autrui et de l'éthique, car ce qui est important c'est la façon dont tu agis envers les autres, ta famille, tes collègues de travail, ta communauté, et tous ceux que tu rencontres. L'univers est l'écho de tes actions et de tes pensées. La loi de l'action et de la réaction n'est pas exclusive de la physique ; elle s'applique aussi à nos relations humaines, en sorte que si tu agis avec bonté, tu reçois de la bonté, si tu agis avec méchanceté, tu reçois de la méchanceté : tu recevras toujours ce que tu souhaites aux autres. Etre heureux n'est pas une affaire de destin ou de fortune. C'est une affaire de choix. »*

JE-NOUS

Actif et sportif, j'ai, durant de longues années, oublié que j'avais un corps. Il obéissait sans renâcler à toutes mes sollicitations. Seule, une alerte sérieuse pendant mon adolescence - une périarthrite articulaire sévère- m'avait alerté sur ma *fragilité* et avait momentanément limité mon *agilité*.

Quarante années plus tard, sont apparus les premiers signes *de l'usure,* et j'ai alors pris conscience du mot *Santé*. Je sais aujourd'hui qu'être en bonne santé se traduit par l'oubli de son corps. Agiles, nous vivons en sollicitant sans retenue un corps structurellement fragile.

Ecouter son corps, pour mieux accompagner son esprit vers la performance, est une discipline exigeante qui conduit à savoir prendre le temps de se ressourcer, de se reposer, de ne pas se laisser submerger par le désir d'agir.

Le corps est toujours le grand oublié de notre performance... On ne peut pas se gratter les pieds en marchant. [64] Cette phrase pleine de bon sens, entendue lors d'un séminaire de cohésion d'équipe en haute montagne, m'a aidé à prendre conscience de ma fragilité et à l'accepter.

Au cours de ce séminaire passionnant, j'ai vécu une expérience forte qui m'a conduit à franchir, en cordée, la crête de l'aiguille du Midi, culminant à plus de 3800 mètres, dans le massif du mont Blanc, au sud de Chamonix. Moi, le marin, habitué à vivre *au niveau de la*

---

64. Philippe Leclair, consultant, conférencier, formateur, est le fondateur de Stratégie de la Réussite®, un cabinet de conseil et de formation, spécialisé dans le développement des compétences comportementales et relationnelles, à partir des techniques d'entraînement mental des sportifs de haut niveau.

mer, je découvrais le monde de la haute montagne, la fragilité de mon JE et la solidarité de notre NOUS.

JE-NOUS, comme genou, articulation majeure qui nous permet de marcher, courir, sauter, enjamber, danser, glisser, skier sur la neige comme sur l'eau, en équilibre debout, quand tout nous pousse à nous mettre à genou pour garder le contact avec le sol. La marche est une victoire du jeune enfant qui découvre l'équilibre debout et la liberté qu'il procure.

Désormais confronté à un genou droit devenu sensible et douloureux, je me suis interrogé sur la signification de ce signal donné par mon corps. N'était-ce pas une invitation, l'âge aidant, à me questionner sur mon rapport aux autres, au NOUS, à mon JE, à la vie ?

Sans hésiter, je me suis laissé aller à cette réflexion, et cela m'a conduit très subtilement à me questionner sur la gouvernance des organisations, et des styles de *management*. J'ai lu de nombreux ouvrages et articles sur ces sujets, et notamment ceux qui parlaient de l'entreprise libérée. Etrange vocable qui peut laisser penser que l'entreprise est un lieu de privation de liberté, alors même qu'elle est, comme son nom l'indique, le résultat d'une volonté : celle d'individus qui, *ENTRE* eux, décident de *PRENDRE* le risque de porter un projet.

ENTRE PRENDRE, verbe mobilisateur qui conduit à trouver le juste équilibre entre le niveau des ressources que l'on mobilise, et l'atteinte du projet que l'on s'est fixé. Aucune entreprise ne peut durablement s'exempter de l'équilibre entre le niveau de ses revenus et celui de ses charges. Mue par un projet clairement défini, elle mobilise des JE, au service d'un NOUS, en faisant appel à leurs talents, leurs énergies, leurs compétences, leurs appétences, leurs imaginations, leurs interrogations, etc.

Le corps social d'une entreprise n'est pas seulement le regroupement de JE compétents et motivés, ou à l'inverse inquiets et démobilisés, mais un ensemble vivant de relations agiles et fragiles entre les JE (les individus), et les NOUS (les équipes au service d'un projet porteur de sens).

Faute de *règles du JEU,* clairement définies, connues et acceptées de tous les JE, des hiérarchies, prescriptives à l'excès, se créent et alimentent la défiance entre des JE qui s'affrontent dans des JEUX personnels, au détriment d'un NOUS qui ne peut se construire.

A l'inverse, lorsque les *règles du JEU* sont étouffantes, faites de contraintes excessives, de prescriptions subies et non choisies, dont le sens n'est pas clairement ressenti, le NOUS est insupportable ou, pire encore, aliénant.

Trouver le juste équilibre du JE-NOUS est le défi majeur de toute organisation. Cela conduit à s'interroger sur les relations entre dirigeants et dirigés, entre générations, entre niveaux de responsabilité.

Nombreuses sont les réflexions autour du nouveau rapport des jeunes au travail, des exigences des générations Y et Z au niveau du *management*, de leur défiance vis-à-vis du monde de l'entreprise, etc. Il faut, pour mieux comprendre ce phénomène, et ne pas le juger à la hâte, s'intéresser à leurs manières de travailler, radicalement différentes de celle de leurs aînés, les *baby-boomers* et la génération X. Les *baby-boomers* sont nés avant 1960, les X entre 1960 et 1980, les Y entre 1980 et 1995, les Z depuis 1995…et ceux nés depuis 2010 attendent de connaître leur lettre de baptême générationnel, probablement Alfa…en attendant l'Oméga de la noosphère !

Pour les Y, et surtout les Z qui sont nés avec Internet, le temps et l'espace sont comme *abolis* par l'accès instantané à l'information, dans un monde globalisé, si bien décrit par Michel Serres dans son livre *Petite Poucette* [65].

Les conséquences de ce nouveau rapport au temps des générations Y et Z sur le déroulement d'une journée sont nombreuses : on parle de *multitasking* ou travail multitâches qui les fait *zapper* d'un dossier à l'autre, mais aussi de *blurring* pour désigner l'effacement de la frontière entre la vie professionnelle et la vie personnelle. La collision de ces deux vies, jusqu'alors plus ou moins distinctes, se concrétise aussi dans les déplacements professionnels ou personnels. Désignée sous le vocable de *bleisure* par les Anglo-Saxons, elle conduit à concilier travail et loisir où que l'on se trouve. Le développement des moyens de transport ultra-rapides facilite la *Mobiquité* qui pourrait rapidement se développer en mettant plusieurs grandes villes de France à moins d'une heure de trajet de Paris (projet du train *Hyperloop* filant à 1 200 km/h de l'américain Elon Musk, fondateur du groupe Tesla).

Le terme anglo-saxon *micro-leisure,* qu'on peut traduire par micro-loisir ou micro-pause, illustre parfaitement cette collision des temps dans l'entreprise et dans nos vies. Tous les JE, quel que soit leur âge, sont aujourd'hui *connectés* aux réseaux d'Internet, devenu l'outil incontournable de leurs vies professionnelles et personnelles.

Pour de nombreux experts, observateurs du monde du travail, cette tendance au *micro-leisure* présage la fin de la journée de travail rythmée par des horaires *figés* [66].

Ainsi, la journée type d'un *baby-boomer* et d'un X qui se déroulait selon un schéma précis – travail de 09h00 à

---

65. Michel Serres, philosophe français, membre de l'Académie française, Petite Poucette, éditions Le Pommier (2012).
66. Voir sur le site de l'agence MRY (mry.com) l'étude The new Micro Leisure.

12h00, pause déjeuner d'une heure de 12h00 à 13h00, puis travail de 13h00 à 17h00, avec quelques variantes horaires selon les secteurs d'activités et les niveaux de responsabilités, laisse peu à peu la place à une journée type nouvelles générations (Y et Z) : les temps de travail comme de repos se télescopent, marqués par de nombreuses *micro-coupures* qui conduisent à traiter aussi bien des affaires personnelles que professionnelles, sur le lieu de travail comme à la maison, ou lors des déplacements. Il suffit pour s'en convaincre de regarder autour de soi et d'observer les JE *suspendus* à leurs écrans tactiles de tablettes, smartphones ou ordinateurs portables, ces derniers étant déjà presque relégués au statut d'objet vintage !

Les JE sont désormais capables de travailler n'importe où et n'importe quand, acceptant de moins en moins les contraintes d'un temps normé. Cela est parfois traduit comme un manque d'engagement, ce qui est un mauvais procès à mon avis. Dans le déséquilibre apparent de ce nouveau rapport au temps, celui du travail comme celui des loisirs et du repos, il y a un progrès majeur : les JE vivent librement leur rapport au NOUS en choisissant leurs horaires. C'est un progrès humain qui, comme tout progrès, demande un temps d'adaptation et de régulation librement concerté.

L'hyperconnexion est un risque que la plupart des JE, X, Y et Z, savent gérer plus ou moins habilement et sereinement. Plutôt que de condamner ces nouveaux comportements, mieux vaut-il les accompagner par une éducation au *bon usage* de ce que j'appelle le 207ème os de notre squelette, autrement nommé *Smartphone*.[67]

---

67. Expression de Koenread Claeys, Hay Group, lors du colloque Digital RH du Club DéciDRH, le 16 octobre 2014.

Comment intégrer ces nouveaux comportements dans le monde du travail ? J'apporte quelques réponses à cette question dans mon ouvrage intitulé *l'Art du Temps* [68] dont je résume ici les principales clés :
- Abolir la sacro-sainte règle des horaires fixes chaque fois que l'activité le permet.
- Fournir des outils de travail et de communication adaptés aux nouveaux modes de vie, pour faciliter le travail à distance *(concepts du Bring Your Own Device et du Choose Your Own Device).*
- Ouvrir des plages horaires de travail sur des projets personnels, pour encourager l'entreprenariat.
- Offrir l'accès à des services extraprofessionnels (conciergerie, crèche, salle de sport, accès aux transports, etc.), pour faciliter la conciliation entre vie personnelle et vie professionnelle.

De fait, l'avènement du numérique bouscule sérieusement les stratégies des entreprises qui ne se transforment pas toujours aussi vite que leur environnement. Elles butent sur des résistances culturelles puissantes, assorties de jeux politiques et corporatistes de la part des acteurs qui se sentent menacés, le tout dans un climat d'anxiété générale.

Trouver l'élément nouveau qui rendra la transformation possible, au bon rythme, dans la sérénité et la sécurité, est un véritable défi. Souvenons-nous qu'après l'invention de l'imprimerie, les copistes ont presque tous disparu, pour laisser la place aux imprimeurs, et que, quelques siècles plus tard, les imprimeurs sont, à leur tour, devenus éditeurs numériques, etc. La révolution des métiers[69] n'est

---

68. Olivier Lajous, L'Art du Temps, éditions l'Harmattan (2015).
69. Voir sur ce thème l'étude d'Ernst & Young et Linkedin d'avril 2014.

pas une nouveauté. Ce qui est nouveau, sans doute, c'est la vitesse à laquelle s'effectue la mutation numérique.

Au cours des dernières années, *l'ubérisation*[70] a gagné du terrain dans tous les secteurs de l'activité économique. L'exemple de l'hôtellerie chahutée par *Airbnb* et *Booking.com* fait frémir plus d'un dirigeant. En quatre ans, la start-up *Airbnb* dispose de plus de chambres à louer, chaque jour, dans 200 pays, que le groupe *Hilton,* qui a constitué son patrimoine en 100 ans. Pour *Accor*, *Hilton* et les autres, la perte du contact avec le client final, au profit de *Booking.com*, signera-t-elle leur arrêt de mort ?

De même, UBER menace la profession des taxis de disparition, et les agences immobilières confrontées aux sites de visites virtuelles des appartements sont elles aussi menacées. Les opticiens peuvent également s'inquiéter de la fabrication sur mesure de lunettes de vue à très bas prix, commercialisées via Internet. Et que dire des incroyables capacités des imprimantes 3D accessibles à tous ? De chez soi, il est possible de fabriquer de nombreux objets personnalisés.

Au-delà du monde de l'entreprise, la révolution digitale bouscule aussi le monde de l'éducation avec les MOOCs. *L'Institut Kahn* apporte des exemples très précis où la pédagogie virtuelle est plus efficace que celle dispensée par les meilleures écoles. C'est le cas d'un jeune adolescent indien, brillamment diplômé du MIT, après avoir suivi tous ses cours en ligne. Chez *Cisco*, on engage déjà des candidats qui ont suivi des MOOCs, et qui ont été évalués par leurs pairs, plutôt que des diplômés d'écoles classiques. Le *parchemin*, si prisé en France, cède lentement la place au *chemin*. Il ne suffit pas de

---

70. Du nom de l'application UBER qui permet de faire appel à des chauffeurs privés.

parcheminer une génération en BAC PLUS PLUS, encore faut-il lui proposer des *chemins* d'accès à l'emploi !

La révolution digitale n'est pas tant un problème de compétence et de technique, qu'un problème culturel de relation équilibrée entre JE et NOUS. Les dirigeants doivent s'appuyer sur les plus jeunes qui, par leurs comportements, ont permis le développement rapide et massif des applications mobiles. Ils sont les mieux placés pour tester et déployer les nouvelles solutions numériques dans l'entreprise. Cette *« transition fulgurante »* des organisations issues de l'économie hiérarchique et linéaire du XXème siècle vers celles de l'économie coopérative et maillée du XXIème siècle, qui utilisent les nanosciences et le numérique est remarquablement décrite dans l'ouvrage de Pierre Girogini. [71]

En France, 82 % des seniors souhaitent transmettre leurs savoirs et leurs compétences. Ils doivent comprendre que la transmission intergénérationnelle se fait dans les deux sens, comme le démontrent les centaines d'entreprises françaises qui utilisent le dispositif du contrat de génération : les seniors aident les juniors à la prise en compte du temps humain ; les juniors aident les seniors à intégrer le temps du numérique.

En Corée du Sud, le *Samsung Shadow Board* est un comité exécutif bis exclusivement composé de jeunes qui réfléchissent aux mêmes questions que le comité exécutif du groupe. Depuis des années, ce pays est le pionnier du tutorat croisé avec des universités pour seniors dans lesquelles les professeurs ont moins de 24 ans.

Autre pratique désormais courante, le *Digital Reverse Mentoring* peut se définir comme le *coaching* des seniors (Génération X) par les juniors (Générations Y et Z) sur les

---

71 . « La transition fulgurante », Pierre Girogini, président de l'Université Catholique de Lille, éditions Bayard (2014).

thématiques de *la révolution numérique*. Chez *Cofely Services*[72], la démarche a commencé par le Comex dont tous les membres ont été formés aux thématiques du web 2.0 et des réseaux sociaux. La démarche a ensuite été généralisée à l'ensemble des collaborateurs, puis déployée dans tout le groupe *ENGIE* dont elle est une filiale. Cette démarche a permis d'enrichir la stratégie digitale d'*ENGIE* et de fidéliser les jeunes collaborateurs Y, qui ont appris à se positionner face à des décideurs expérimentés et exigeants, qui tentaient de les impressionner.

Comme le montre la dernière étude de l'observatoire du management inter générationnel (OMIG) [73], *85 % des entreprises gagneraient beaucoup en efficacité en connectant mieux les générations*. Le *Digital Reverse Mentoring*, en permettant le brassage d'idées entre générations, fait clairement ressortir les deux principaux enjeux perçus par les entreprises, en France, en matière de management intergénérationnel : la transmission du savoir et l'évolution des compétences.

Le bon équilibre du JE-NOUS, bousculé par la vague numérique, est le défi majeur à relever dans toutes les organisations. Il faut se féliciter de la liberté que procure le numérique à tous les JE, et privilégier le partage du savoir, du vouloir, de l'avoir et du pouvoir entre générations pour inventer de nouveaux NOUS basés sur la confiance. Cela suppose de sortir des postures, des egos et d'une vision systématiquement fractale des situations dans lesquelles le combat l'emporte trop souvent sur le débat.

---

72. Le mentorat inversé, coaching des seniors par les juniors, une démarche innovante chez Cofely Services, présentée à l'Observatoire du Management Inter Générationnel, le 17 avril 2015.
73. Enquête de l'OMIG, Le management intergénérationnel : enjeux et bénéfices, octobre 2014 et mai 2015.

Les peuples de langue bantou de l'Afrique australe, pour parler du JE-NOUS, ont un joli mot : UBUNTU qui signifie *JE suis ce que je suis, grâce à ce que NOUS sommes.* UBUNTU est aussi le nom d'un système d'exploitation numérique *open source*.

INNOVATION ET TRADITION

Alessandro Baricco[74] analyse l'impact de l'avènement de *la civilisation du surf* sur notre vision du monde et constate que les grands axiomes qui structurent aujourd'hui notre société sont l'apologie de la vitesse, du mouvement, de l'individu, et la condamnation du passé. On retrouve dans cet ouvrage un questionnement récurrent des êtres humains : la crainte du futur et le regret du passé.

Paul Valéry[75] écrit : « *La tradition et le progrès sont deux ennemis du genre humain.* De son côté, Chateaubriand[76], peu après la révolution de 1789, dénonce *Un monde sans autorité consacrée, placé entre deux impossibilités : celle du passé et celle de l'avenir.* »

La tradition est affaire de culture. Racine des peuples, elle guide leurs comportements, de manière plus ou moins subreptice, mêlant us, coutumes, croyances cultuelles, culturelles, philosophiques et politiques. Issue du mot latin *tradere* c'est-à-dire transmettre, elle se propage au fil de l'histoire et alimente souvent les peurs à l'égard du changement et de l'innovation. Faite d'automatismes partagés, de pensées et de comportements qui aident au vivre ensemble, la culture nous guide dans notre rapport aux autres. S'en libérer nécessite de s'en détacher en n'en gardant que l'essentiel : le tact comme juste relation au Soi et à l'Autre.

---

74. Alessandro Baricco, écrivain italien, dans Les barbares, essai sur la mutation, éditions Gallimard (2014).
75. Paul Valéry, écrivain poète et philosophe français (1871-1945), dans Regard sur le monde actuel, (1931).
76. François-René de Chateaubriand, écrivain et homme politique français (1768-1848), dans Essai historique, politique et moral sur les révolutions anciennes et modernes, éditions Deboffe, Londres (1797).

L'innovation consiste, pour sa part, à tenter de nouvelles solutions, plus ou moins transgressives par rapport à la tradition. Trouver l'équilibre entre tradition et innovation est un défi posé à tous les réformateurs qui, pour convaincre les conservateurs, doivent inscrire leurs actions dans le temps. Mark Twain[77] écrit : « *On ne se débarrasse pas d'une habitude en la jetant par la fenêtre. Il faut lui faire descendre l'escalier marche par marche.* » Oubliant ce facteur majeur du temps, il m'est arrivé de commettre bien des erreurs en voulant aller trop vite, et, finalement, d'échouer dans ma volonté de réformer des institutions *à demi séculaires*. J'ai alors manqué de tact !

Comment concilier la culture et le monde du travail ?

Pour les sociologues, la culture désigne l'organisation stable et durable d'un groupe, ainsi que l'ensemble des valeurs étayant la représentation que ce groupe se fait de lui-même et de ses rapports avec l'écosystème au sein duquel il évolue. Cela comprend des coutumes, des croyances, des idées, des convictions, des connaissances techniques, artistiques, scientifiques, etc., mais aussi une conception des êtres humains et un mode relationnel entre eux, bref, tout un contexte à partir duquel ceux qui sont issus de cette culture se reconnaissent et peuvent y trouver une source de créativité et d'innovation, mais surtout de réalisation d'eux-mêmes et de leur groupe, l'individuel (JE) et le collectif (NOUS) se conjuguant dans un même projet, au cœur d'une organisation bien rodée.

---

77. Samuel Langhorne Clemens, dit Mark Twain, écrivain américain (1835-1910), dans What is man. (1906).

Au cours des récentes années, les cultures d'entreprises, sous la pression croissante du marché et des crises successives, ont, hélas, évolué vers une tension et un stress accrus ; *L'univers impitoyable de la série Dallas* s'y est généralisé, donnant aux relations humaines un visage plus marqué par l'impératif financier (le temps, c'est de l'argent), que par une bienveillance mutuelle.

Ce phénomène est d'autant plus brutal que l'entreprise d'aujourd'hui n'est plus un système simple, mais un écosystème soumis à de multiples éléments. Ses frontières ne se sont pas seulement déplacées, elles sont aussi devenues floues et mouvantes, à tel point qu'il devient parfois délicat de discerner un intérieur et un extérieur de l'entreprise.

Or, tout groupe humain, laissé sans règles claires et partagées, a tendance à s'auto réguler sur une base parfaitement arbitraire, celle de la loi du plus fort et de l'argent roi.

Pour que chaque humain puisse donner sa pleine mesure, il a besoin d'un espace dans lequel il n'est pas soumis à l'arbitraire. L'intelligence et la culture sont incompatibles avec la loi du plus fort. L'entreprise, dans son souci de tirer le maximum de la *richesse humaine*, doit permettre à chacun de donner sa pleine mesure et de la développer, non de l'exploiter.

Aujourd'hui, les évolutions de l'environnement économique, social et technologique sont incontournables, et obligent l'entreprise à s'adapter. La culture d'une entreprise se développe plus dans son projet que dans son organisation ou son implantation. Cela doit amener toute entreprise à se penser comme un ensemble d'entrepreneurs.

Car le besoin d'entreprendre n'est pas autre chose que le besoin de vivre. Un entrepreneur est un acteur responsable qui se met au service d'une œuvre à réaliser. Ce n'est plus seulement un collaborateur partageant des efforts, dont il ne comprend, parfois, même pas le sens, mais un coopérateur assumant sa part de responsabilité vers une finalité partagée. Ainsi, faire de chaque membre de l'entreprise un acteur du projet est bien le défi à relever. Le modèle de la culture nomade répond à ce défi.

Nomade de cœur et d'esprit, mon métier de marin m'a appris à vivre le nomadisme comme une manière de grandir, en apprenant au fil du temps à être tout à la fois libéré et engagé, solidaire et solitaire, ouvert et volontaire. Le nomadisme est pour moi un repère culturel majeur, car il implique tous les leviers du changement que notre monde est en train de vivre :
- la globalisation généralisée et la perméabilité des frontières d'entreprises ;
- des technologies qui font du travail une activité fongible avec les autres actes d'une vie ;
- des pratiques de coopérations transverses qu'il faut conjuguer à la verticalité des décisions ;
- des réseaux qui échappent aux pouvoirs traditionnels et sapent les fondements des cloisonnements hiérarchiques ;
- un besoin d'accomplissement personnel et d'appartenance collective qui prend une acuité sans précédent ;
- une mobilité et une agilité qui deviennent, pour de nombreux citoyens, les conditions de leur existence quotidienne.

Les nomades sont porteurs de richesses, d'eau, d'encens, d'or, de soie, de sel, d'épices, etc. Leur culte du temps, celui du voyage, et du partage, celui des rencontres, fait d'eux des sages utiles à tous les hommes. Le voyage leur apporte des connaissances et des expériences qui renforcent leur créativité. Ils sont autonomes, et comme il n'y a pas d'autonomie sans adaptation, ils se plient aux conditions de leur itinéraire.

Le nomadisme, parce qu'il mêle distance et présence, est un puissant facteur de cohésion, chacun pouvant assumer son identité, tout en cherchant à mieux communiquer avec *l'Autre*. Travailler ensemble est fécond, lorsque chacun, avec tout ce qu'il est, se complète avec les autres pour que les compétences se conjuguent. La performance de l'équipe est alors supérieure à la somme des performances individuelles.

A l'image du vivant, qui doit en permanence faire preuve d'adaptation pour survivre à court terme, et de vision pour vivre à long terme, la compétitivité de l'entreprise passe par l'acceptation qu'il n'y a pas un modèle universel du management, mais de nombreuses solutions, parfois antagonistes, à développer en fonction de la variété des situations, en impliquant chaque individu, en tant qu'acteur du projet d'entreprise.

Avoir dans ses gênes cette capacité d'adaptation à des situations nouvelles, tout en étant autonome et capable de faire preuve de productivité, est au cœur de la culture nomade. C'est ce qui fait sa force.

Redonner place à l'autonomie de chacun de ses collaborateurs est une révolution culturelle pour les entreprises, surtout les plus grandes. C'est pourtant à ce prix, en mettant la culture nomade au service du travail, qu'elles replaceront l'humain au cœur de leur performance, qu'elles sortiront du cercle mortifère de la défiance.

La culture nomade, en ce qu'elle invite chaque être humain à vivre comme il pense, et donc à se tenir prêt à apporter à l'entreprise la richesse de ses talents, de ses envies et de son énergie, sera celle de la renaissance des entreprises aujourd'hui menacées par la violence de la finance et du résultat à court terme.

Pour faire de l'Humain leur force, elles auront à relever le défi de la reconnaissance de chacun, en se souvenant de ce qu'écrit Charles Margrave Taylor [78] : « *La reconnaissance n'est pas une politesse que l'on fait aux gens, c'est un besoin humain vital.* »

Le thème de la reconnaissance non monétaire est vaste et passionnant. Il est central dans les organisations faisant appel aux bénévoles et aux volontaires, notamment dans un monde consumériste, où l'argent est roi, et l'engagement gratuit de plus en plus rare, mais également dans les administrations et les entreprises.

Les exemples ne manquent pas d'administrations et d'entreprises qui, ayant fait le choix du bien-être au travail de leurs collaborateurs, obtiennent d'excellents résultats : la biscuiterie *Poult* (+ 12% de croissance dans un marché à -2%), un spécialiste des réparations de flexibles *Chronoflex* (+15% de chiffres d'affaire, dès la mise en place d'un système de rémunération décidé par les collaborateurs eux-mêmes), la fonderie *FAVI* (+ 60% de parts de marché et *leader* mondial dans son domaine), la société de services informatiques *HCL Technologies* (qui a triplé son effectif passant de 30.000 à 90.000 personnes, et dont le CEO a publié un best-seller *Employees first*).[79]

D'autres exemples d'entreprises, dans lesquelles il fait bon travailler, reviennent souvent : *Airbus, Auchan, Davidson, Decathlon, Google, Kiabi, Leroy Merlin, Microsoft, Nestlé, Pepsico, Sanofi,* etc. Dans chacune de ces organisations, on retrouve trois ingrédients majeurs de

---

[78]. Charles Margrave Taylor, philosophe canadien, dans Les Sources du moi : l'identité moderne, éditions du Seuil (1989).
[79]. Vineet Nayar, CEO de HCL, Employeers first, Harvard Business Publishing (2010).

la mobilisation des équipes, au-delà du seul recours aux primes monétaires. Quels sont-ils ?

Les avis sont nombreux en la matière, et vous en avez certainement beaucoup lus et entendus. Pour ma part, je m'inspire de deux ouvrages pour fonder ma réflexion sur le sujet : celui de Daniel H. Pink[80] *la vérité sur ce qui nous motive,* et celui de Ken Robinson[81], *L'Elément.*

Que disent ces deux ouvrages ? Que la quête de reconnaissance, en chacun de nous, passe par trois besoins communs à tout être humain :

- *Le besoin de Compétence,* celui qui conduit à faire grandir les collaborateurs en savoir-faire et savoir être pour faire réussir l'entreprise. L'acquisition progressive et continue d'un métier est le plus souvent très motivante pour un individu. Les *managers* se doivent d'accompagner leurs collaborateurs dans cette montée en connaissances et compétences qui participe à la performance de l'entreprise, et qui permet une employabilité durable pour le collaborateur. J'appelle cela *l'escalier social* qui se distingue de *l'ascenseur social* dans la mesure où le collaborateur est acteur et non récepteur de sa progression.

- *Le besoin d'Indépendance,* celui du temps libéré plus que contrôlé, car, comme l'écrit si justement Isaac Getz[82], *Par nature les êtres humains n'aiment pas être contrôlés.* Vivre à son rythme est un élément clé de notre bonheur, et donc de notre performance. Associée au sens et à la compétence, l'indépendance permet à chaque collaborateur de *grandir* à son rythme, en fonction de son niveau de maturité. L'entreprise qui sait *harmoniser* les

---

80. Daniel H Pink, écrivain et journaliste américain, L'étonnante vérité sur ce qui nous motive (2009).
81. Sir Kenneth Robinson, écrivain anglais, L'élément, éditions Playbac (2013).
82. Isaac Getz, professeur à l'ESCP Europe, dans Liberté &Cie, éditions Flammarion (2013).

rythmes de ses collaborateurs avec le sien est une entreprise confiante, vivante, bien plus que libérée[83].

- *Le besoin de Sens,* celui qui mobilise et rassemble autour d'un projet commun, motivant et valorisant, qui permet à chacun de participer à la construction de quelque chose vécu comme *grand*. C'est *le rêve réalisé,* à l'image de ces quelques projets majeurs qui transcendent l'âme humaine (conquête de l'espace, des profondeurs marines, etc.), qui peuvent être aussi en apparence moins grandioses, mais en fait tout aussi majeurs : progrès de la médecine, maîtrise des énergies et des ressources durables, élaboration d'un droit donnant toujours plus de dignité à la personne humaine, etc.

Sur la base de ces trois besoins fondamentaux - Compétence, Indépendance et Sens - il convient de développer dans toutes les organisations, administrations, entreprises, armées, associations, mutuelles, coopératives, syndicats, etc. un mode de management qui place chaque collaborateur face à sa liberté et à sa responsabilité, au sein d'un groupe qui lui fait confiance, qui compte sur lui pour tenir son rôle et apporter sa compétence, qui le reconnaît en tant que membre majeur de l'équipe.

Ainsi, aux deux questions *Pourquoi et Comment promouvoir l'entreprise libérée ? »* et *Comment mettre en place un modèle de reconnaissance autre que monétaire ?,* j'apporte les réponses suivantes : autant, voire plus que de l'argent, ce qui permet de *reconnaître* un collaborateur, c'est de lui donner la pleine conscience de son rôle dans le projet, de l'encourager à développer ses compétences, et de lui donner de l'indépendance et de la confiance.

Promouvoir ce type de *management* reste un défi face aux postures encore trop souvent égotiques et cyniques de certains responsables. Ces *ténors/séniors* sont de plus en

---

83. L'Art du temps, Olivier Lajous, éditions l'Harmattan (2015).

plus bousculés par les générations Y et Z qui ne se laissent pas impressionner par leurs injonctions et prennent leurs distances. Elles sont l'avenir, car elles croient à la force mobilisatrice et créatrice du triptyque compétence, indépendance et sens.

« Vous ne pouvez commander les gens que si vous les aimez. »[84] Les dirigeants qui aiment leurs équipes, qui considèrent les femmes et les hommes de leurs organisations autrement que par le biais *d'une masse salariale*, qui osent une vraie relation humaine, au-delà d'une simple relation professionnelle, existent et atteignent des résultats étonnants. Ils se réjouissent du succès collectif, et sont intraitables envers l'arrogance individuelle.

Etre un *leader* de ce style demande beaucoup de courage dans un monde où l'on préfère infantiliser ses collaborateurs, plutôt que de les encourager à l'autonomie, un monde où la défiance est reine, où seuls comptent les chiffres et les indicateurs, où le débat n'est que combat, et la compétition n'est qu'agression.

« Si tu veux construire un bateau, ne rassemble pas tes hommes et femmes pour leur donner des ordres, pour expliquer chaque détail, pour leur dire où trouver chaque chose... Si tu veux construire un bateau, fais naître dans le cœur des hommes et femmes le désir de la mer »[85].

Pour concilier innovation et tradition, il faut aimer ses équipes, faire naître en elles *l'envie d'avoir envie*[86]*,* et accepter qu'elles puissent se tromper pour mieux réussir ensuite.

---

84. Antoine de Saint Exupéry dans Citadelle (1948).
85. Antoine de Saint Exupéry dans Citadelle (1948).
86. Chanson de Johnny Hallyday écrite par Jean-Jacques Goldman (1986).

« Si vous n'échouez pas de temps à autre, c'est le signe que vous ne faites rien de très innovant. » [87]

Accepter l'échec est un défi rarement relevé par les entrepreneurs, notamment en France où il reste un tabou, ce qui constitue un frein à l'innovation et à la création d'entreprise. Certains, à juste titre, pointent du doigt un système éducatif et managérial culpabilisant l'échec.

Dans un article consacré à l'échec, le journal *Les Echos,* daté du 8 décembre 2015, raconte l'histoire du créateur d'Apple, Steeve Jobs, qui disait souvent : *Who knows ?*

Qui sait ? Outre-Atlantique, avoir subi plusieurs revers est considéré comme un atout, dit Philippe Rambaud, président de *60.000 Rebonds*, association qui aide les entrepreneurs français à rebondir après une faillite. Quel contraste avec la France où l'échec est généralement vécu comme un triple traumatisme : personnel (il faut se remettre en cause), financier (le capital investi est perdu) et professionnel (les collègues vous jettent un regard culpabilisant). *Un Français met huit à neuf ans pour se relever après un échec professionnel, un Allemand, six ans, un Norvégien, moins d'un an !* disait Fleur Pellerin, alors ministre déléguée aux PME et à l'Economie numérique, lors d'une Conférence à Sciences-po en janvier 2014.

La peur de l'échec freine la création d'entreprise et, plus globalement, l'innovation. *Pour faire passer les entreprises à l'heure de la révolution numérique, nous devons favoriser une culture de l'innovation et de*

---

87. Allan Steewart Koningsberg, dit Woody Allen, cinéaste, acteur et humoriste américain.

l'expérimentation, mais pour cela, les gens doivent pouvoir échouer sans culpabiliser. [88]

Echouer, c'est grandir. Rares sont les chefs d'entreprise qui acceptent cette vision de l'échec en France, alors qu'aux Etats-Unis cela fait partie de *leur légende*. Sans doute, faut-il y voir le résultat d'une éducation qui encourage plus la prudence que l'audace, la peur de perdre plus que l'envie de gagner.

Au cours des cinquante dernières années, le nombre des ouvriers est passé de 40% de la population active à moins de 20%, et celui des paysans de 16% à un peu plus de 2%. Il était de plus de 50% dans les années 1930 (Source INSEE). Dans la même période, les emplois de service sont passés de 30% à 60%, et ils sont tous soumis, depuis une dizaine d'années, à la révolution numérique. Dans les dix ans à venir, de nombreux métiers vont disparaître et d'autres apparaître.

Dans ce vaste mouvement de mutation, bien plus que de crise, trouver le délicat équilibre entre le besoin d'une organisation collective du travail et la prise en compte des profils individuels est le défi qu'ont à relever les chefs d'entreprise, et plus globalement l'ensemble des partenaires sociaux, politiques, chefs d'entreprises et syndicalistes.

Ils devront reconsidérer sérieusement :
- Les habitudes hiérarchiques
- Le rapport au temps
- Le degré de liberté des individus au travail
- Le droit à l'erreur, contrepartie de toute liberté créatrice
- Le modèle de formation
- Le juste besoin de normes et de lois

---

88 . Ganesh Ayyar, PDG de Mphasis, société de services informatiques indienne de 25.000 salariés, filiale de HP.

- Les principes d'évaluation et de rémunération
- Les relations entre générations
- La mixité et la diversité des instances de gouvernance
- La mixité et la diversité des recrutements
- La mobilité professionnelle

Et, pour chacun des acteurs de ces chantiers :
- S'interdire les postures et les dogmes
- Résister aux corporatismes et *avantages acquis*
- Promouvoir un dialogue social sincère
- Partager une même vision, volontaire et optimiste
- Se faire mutuellement confiance
- Ne pas craindre les nouvelles technologies, issues de notre créativité humaine, mais trouver comment les *domestiquer* utilement au service de l'Homme.

Sommes-nous réellement prêts à relever ce défi ? Il y a pourtant une certaine urgence à réagir alors que les robots et les automates envahissent le monde du travail.

Les robots

Dans certains entrepôts américains, *Amazon* déploie des armées de robots pour optimiser les tâches logistiques répétitives. C'est notamment le cas dans le gigantesque entrepôt californien de *Tracy,* où tout est organisé pour réduire le temps de rangement des produits sur les étagères. Des robots intelligents, reliés à un système informatique, déplacent les produits en se repérant dans l'espace, en se déplaçant à une vitesse moyenne de 5,5 km heure, évitent les obstacles en lisant des QR, codes collés au sol. Cela a permis de réduire de plus de 80% les distances de déplacement des *pickers* (ceux qui récupèrent les commandes), qui parcouraient plus de 20 km par jour.

Désormais les robots marchent pour eux ! La collaboration entre robots et humains est de plus en plus fluide, et le modèle de l'entrepôt *Tracy* devrait se développer très rapidement dans tous les entrepôts du monde. Loin de menacer l'emploi, les robots ont multiplié par deux les emplois humains chez *Tracy* où 2 500 employés coopèrent avec eux, ce qui a permis d'accélérer les processus de stockage et de livraison, donc de répondre à une demande toujours plus exigeante en termes de délais.[89]

Au-delà des robots, l'intelligence artificielle s'installe rapidement dans notre quotidien et bouscule tous nos repères et équilibres patiemment construits. Prenez la voiture sans chauffeur. Plus besoin de conduire, moins d'accidents, un trafic moins dense, etc. Une réalité source de cauchemars pour les chauffeurs de taxi, plus encore que la concurrence des *VTC* et *d'UBER,* mais aussi pour les chauffeurs de camion. Pour l'instant, les Etats ne sont pas encore prêts à autoriser les véhicules sans conducteur sur les routes et autoroutes, mais des convois de camions sans conducteur sont déjà en test sur les routes américaines.

Les conducteurs ne sont pas les seuls concernés par une possible mise au ban de l'emploi. L'automatisation, via les robots et les intelligences artificielles *(des algorithmes capables de réaliser diverses tâches répétitives et encadrées),* pourrait toucher de nombreuses catégories d'emplois dans les années à venir. Des études évoquent le chiffre de 3 millions d'emplois supprimés en France d'ici à 2025. Un chiffre obtenu en imaginant une automatisation des tâches au niveau de 20%, touchant de nombreux secteurs, de l'agriculture au bâtiment, en passant par l'hôtellerie. Un hôtel japonais, situé dans le parc d'attractions de Sasebo, à proximité de Nagasaki, entièrement géré par des robots, a ouvert ses portes en

---

89. Cf. n° 449 du magazine Challenges d'octobre 2015.

juillet 2015 ![90] Dans la Marine nationale, l'automatisation a permis de réduire de 30% les effectifs embarqués sur les navires de combat, au cours de 20 dernières années.

Alors que 47% des emplois actuels ont plus d'une chance sur deux d'être assurés par des robots, faut-il craindre ce progrès ? La peur du remplacement de l'Homme par les machines ne date pas d'hier. Déjà au début du XIXème siècle, l'arrivée des métiers à tisser mécaniques faisait craindre la disparition des fileurs, tondeurs et tricoteurs travaillant dans le textile. Dans la réalité, cette révolution, dite industrielle, a été source de création de nombreux emplois. C'est, en tout cas, ce qui ressort d'une étude portant sur 140 ans de données économiques en Angleterre et au Pays de Galles, réalisée par le cabinet *Deloitte*, et publiée, à l'été 2015, dans le *Gardian*.

Selon les auteurs de cette étude, la perception populaire de la destruction d'emplois tient au fait qu'il est plus facile de voir ceux détruits que ceux créés par les nouvelles technologies. Ainsi, la chute du nombre de travailleurs dans l'agriculture et la manutention *a été plus que compensée par la croissance rapide des services à la personne, de la créativité, de la technologie et des affaires.* Sur les deux dernières décennies, on voit par exemple des croissances de 90% dans le secteur des auxiliaires de puériculture. Autre exemple : en 1871, il y avait 9 832 comptables en Angleterre et au Pays de Galles. Ils sont aujourd'hui 215 678.

Mais ces statistiques seront-elles valables dans le futur ? Après la force manuelle de l'Homme remplacée par celle de la vapeur, c'est la force cognitive de l'Homme qui est maintenant supplantée. Et comme les capacités de calcul des machines doublent quasiment tous les deux ans

---

90. Cf. journal Le Monde daté du 17 juillet 2015.

et demi, les robots et l'intelligence artificielle devraient devenir de plus en plus efficaces. Comment ne pas être interpellé par la victoire d'*ALPHAGO*, machine créée par *Google*, sur le champion du monde du jeu de Go, en mars 2016.

Une enquête du *Pew Research Center* [91], qui a interrogé près de 2 000 experts, montre que près d'un chercheur sur deux estime que robots et intelligences artificielles vont à l'avenir remplacer de nombreux emplois humains. L'autre moitié pense au contraire que la technologie créera plus d'emplois qu'elle n'en détruira.

Finalement, la question n'est pas de savoir si nous aurons tous un emploi, mais lequel ? Nombreux sont ceux qui estiment qu'à terme, une minorité de travailleurs aura des emplois très qualifiés, et qu'une majorité se retrouvera avec des emplois peu qualifiés et peu rémunérés.

Cette vision pessimiste est pour partie démentie par l'incroyable révolution économique et sociale qui touche tout le continent africain.

L'Afrique à la pointe de l'innovation

L'émergence d'une classe moyenne et l'accroissement des internautes (plus de 240 millions) sur le continent africain recèlent un incroyable potentiel qui pourrait représenter près de 45 milliards d'Euros de chiffre d'affaires, d'ici 2020, selon le cabinet Deloitte. Le Nigéria, le Sénégal, la Côte d'Ivoire, le Cameroun et le Bénin sont parmi les plus actifs dans cette révolution digitale, portée notamment par le groupe *Africa Internet Group* (AIG), qui regroupe un écosystème de sites

---

91. Centre de recherche américain installé à Washington DC, expert des données sociales et démographiques aux Etats-Unis.

marchands et d'applications, dont la place de marché *Jumia* particulièrement active, considérée comme l'Amazon africain : plus de 1,6 million de commandes, en 2015, notamment sur les marchés de la mode, des cosmétiques, de l'électroménager et de l'informatique.

Paiements par mobile, transports par drones, l'Afrique est sans doute le continent où l'usage des nouvelles technologies se développe d'autant plus facilement que les réglementations sont minimales et les espaces géographiques, terrestres, aériens et maritimes, peu saturés.

Ainsi, les petits drones de transport, baptisés *ânes volants*, permettent de réduire considérablement le coût des grandes infrastructures routières et aéroportuaires. En effet, le continent africain est considéré comme l'environnement idéal pour le déploiement d'une multitude de drones capable de répondre à une demande croissante de transport de petits colis dans des zones peu, voire pas desservies par la route. Des communautés isolées peuvent ainsi être ravitaillées en médicaments ou autres produits légers, les drones pouvant parcourir jusqu'à 120 kilomètres en portant des charges de 10 kilos.

L'argent mobile est omniprésent dans certains pays africains, comme au Kenya, par exemple, où des millions de personnes sans comptes bancaires peuvent entrer dans le système financier et contracter en ligne, via leurs smartphones, des assurances vie, des abonnements aux transports en commun ou des crédits à la consommation.

En Tanzanie, des paysans vendent leurs productions de coton, de café, etc. à une entreprise installée à Singapour via un système de téléphonie mobile. Leurs productions sont acheminées par drones vers les ports de Dar Es Salam ou de Mombasa. Les enjeux environnementaux sont ainsi pris en considération, en évitant d'avoir à construire des routes, des aéroports, et en limitant l'usage des camions et des avions.[92]

Au Bénin, *Smart City* est un espace de 12 hectares qui abrite des centres d'incubation pour *start-ups*, des *data centers*, des centres de surveillance de réseaux, mais aussi des banques, des centres de conférences et des centres commerciaux. Objectif affiché par les autorités du pays : faire de *Smart City* une plaque tournante de l'économie numérique, en Afrique de l'Ouest.

Au Nigeria, Lagos dispose de sa *Silicon Valley*. Installée dans le quartier de Yaba, elle abrite plusieurs incubateurs de start-ups digitales. Dans cette mégapole de la première économie du continent africain, l'économie virtuelle s'est considérablement développée. Elle génère un milliard d'euros de chiffre d'affaires, et des milliers d'emplois.

Jobberman, plate-forme de recherche d'emplois, a signé un accord avec *Microsoft* pour développer des plates-formes facilitant la recherche d'emplois au Nigéria, au Ghana, au Kenya, en Ouganda, en Tanzanie, au Rwanda et en Ethiopie. Elle compte 1,5 million d'utilisateurs et a placé plus de 70 000 personnes, en 2015.

Avec le Ghana, le Kenya, le Nigéria, le Niger, l'Ouganda et la Tanzanie, le Rwanda a mis à l'essai une application de contrôle des médicaments du nom de *mPedigree*. Elle permet aux consommateurs d'envoyer un code, par SMS, à un numéro spécial, et de recevoir un message indiquant si le médicament répond aux normes. Conçue par un Ghanéen, elle pourrait bien devenir une arme décisive dans la lutte contre le trafic mafieux des médicaments sur l'ensemble du continent africain. Le Rwanda est aussi le premier pays à avoir mis en place un *drone port*.

---

92. Cf. n° 437 du magazine Challenges de juin 2015.

Enfin, depuis quelques années, une nouvelle fonction est apparue au sein des gouvernements africains : celle de ministre de l'Economie numérique et de l'Innovation. C'est le cas, au Togo, où le poste a été confié à une femme, Cina Lawson, diplômée de Sciences-po Paris et de la Harvard Kennedy School. Pour elle, *le numérique est au cœur du développement socio-économique de l'Afrique.*

Pour Dov Seidman[93], *Il n'y a pas de guerre à venir entre l'Homme et la machine. Les machines ont déjà gagné. Au lieu de rivaliser avec elles, ou de vouloir maintenir une suprématie dans des domaines tels que l'analyse quantitative, nous devons les compléter. Seuls les humains ont des qualités comme la capacité à collaborer et à communiquer, ou à faire preuve de courage. Nous sommes passés d'une économie industrielle – dans laquelle on embauchait des bras - à une économie de la connaissance - dans laquelle on embauchait des têtes - à une économie humaine - dans laquelle on embauche des cœurs.*

Voilà une belle conclusion de ce chapitre consacré à l'innovation et à la tradition : *Embauchez des cœurs !*

Certains trouveront l'idée naïve, d'autres la rejetteront sèchement, en affirmant que nous allons au contraire vers un monde de plus en plus dur dans lequel le cœur n'a aucune place. Mais, qu'on le veuille ou non, le monde de l'entreprise change. Le travail répétitif devient largement mécanisé ou numérisé. Les salariés travaillent de plus en plus en mode collaboratif. Si l'expertise technique reste précieuse, elle n'est utile qu'à celui qui est apte à collaborer avec les autres. Il faut faire place à l'écoute et à

---

93 . Dov Seidman, juriste, économiste, journaliste et philosophe américain, dans HOW ; why how we do anything means everything (2007). Préface de Bill Clinton.

l'attention, à l'empathie, à l'envie et à la volonté d'aller vers l'autre, de coopérer avec lui.

La même exigence s'impose à l'entreprise dans ses relations avec ses clients, ses fournisseurs, ses partenaires. Les relations collaboratives sont désormais la règle, à l'image du modèle de *BlaBlaCar,* où les transportés notent leurs transporteurs, et les transporteurs leurs transportés.

La qualité de la relation est désormais l'un des principaux critères de sélection, tendance qui se concrétise dans le calcul d'un *indice d'empathie* créé par la Britannique Belinda Parmar[94], et appliqué à 160 grands groupes mondiaux.

Le modèle de la compétition brutale cédera-t-il la place à celui de la collaboration intelligente ? Les femmes ont un rôle clé à jouer dans cette révolution des postures, car elles sont plus naturellement portées que les hommes vers cette vision collaborative.

Il faudra beaucoup de courage pour réformer le modèle de l'entreprise, issu du taylorisme et de l'économie libérale, qui reste très présent et puissant, au cœur des relations entre Etats et grandes entreprises internationales. Aux mains de quelques magnats, dont beaucoup sont de véritables entrepreneurs, il est malheureusement gangréné par d'innombrables capitaux d'origine mafieuse et par une pression spéculative insupportable.

La logique de la financiarisation a été d'installer aux commandes de l'économie le marché financier, avec le consentement de dirigeants rémunérés par stock-options[95]. Il en résulte une vision à court terme, voire très court-terme,

---

94. Belinda Parmar, fondatrice et directrice de l'agence britannique Lady Geek.
95. Penser l'Entreprise, Olivier Favereau et Baudoin Roger, Collège des Bernardins, éditions Parole et Silence (2015).

qui dissocie l'investissement productif de l'investissement financier.

Dans cette logique dissociative, le système financier a pris le pas sur le système productif, les entreprises travaillant pour lui, dans une relation dangereusement déséquilibrée.

Alors que l'investissement productif suppose une vision de long terme, l'investissement financier, lui, s'inscrit dans un temps extrêmement court et violent.

Il faut protéger l'entreprise de cette violence, en rappelant que *l'entreprise n'est pas un actif financier dont les actionnaires/propriétaires peuvent extraire le maximum de valeur.*

Une bonne manière de limiter ce risque est d'ouvrir les instances dirigeantes des entreprises à une véritable représentation des salariés, comme c'est, par exemple, le cas, en Allemagne, dans le cadre de la politique de *co-détermination.*

Cela suppose un rapport apaisé entre dirigeants et salariés, une vision partagée de l'entreprise, comme lieu de création collective, au profit du plus grand nombre, la promotion d'une véritable *démocratie capitaliste.*

Au terme d'une étude qui a duré six ans, au sein du pôle de recherche du Collège des Bernardins, Olivier Favereau et Baudoin Roger écrivent : *Faisons un rêve : les entreprises pourraient échapper à la pression financière pour développer des investissements productifs rentables à long terme ; les directions d'entreprises réuniraient des équipes de financiers, de salariés, de fournisseurs et de collectivités territoriales, décidées à s'engager statutairement pour un objectif d'intérêt plus large.*

A vrai dire, les intérêts en jeu dans cette perspective d'une entreprise qui deviendrait *Société à Objet Social Etendu* (SOSE) sont colossaux, et il faudra beaucoup de courage et de volonté pour réformer un système qui a fait de la finance *une arme de destruction massive.*

Quelques outils de finance participative, tels que les microcrédits ou le *crowdfunding* via Internet, ouvrent cependant des perspectives vers une finance mieux maîtrisée. Ils restent pour l'instant très limités.

Comment redonner du sens à la finance ? Comment mettre l'argent au service de l'Homme et non l'Homme au service de l'argent ?

SENS ET FINANCES

Aristote[96], dans *Politique*, écrit : « *En démocratie, les pauvres sont rois, parce qu'ils sont en plus grand nombre, et parce que la volonté du plus grand nombre a force de loi.* »

Il module ensuite cette vision en précisant : « *L'équité au sein de l'Etat exige que les pauvres ne possèdent en aucune manière plus de pouvoir que les riches, qu'ils ne soient pas les seuls souverains, mais que tous les citoyens le soient en proportion de leur nombre. Ce sont là les conditions indispensables pour que l'Etat garantisse efficacement l'égalité et la liberté.* »

Pourtant, l'histoire nous enseigne que si les pauvres ont parfois fait trembler le monde, les riches eux l'ont toujours dirigé, ou tout le moins influencé ceux qui gouvernaient. Aristote exprime très clairement cette réalité : « *Quelle que soit la difficulté d'arriver au vrai, en fait d'égalité et de justice, on y aura toujours moins de peine que d'arrêter par la persuasion des gens assez forts pour satisfaire leurs avides désirs. La faiblesse réclame toujours égalité et justice ; la force ne s'en inquiète en rien.* »

Voilà qui semble donner raison à Jean-Marc Daniel[97] quand il dénonce le syndrome récurrent à travers l'histoire de l'intellectuel ou moine frustré qui jalouse celui qui est riche, oubliant que l'Homme est d'abord un animal qui aime avant tout posséder, dominer, humilier, bien plus qu'aimer. Aujourd'hui, écologiste, mondialiste et humaniste, ce bobo frustré est totalement schizophrène,

---

96. Philosophe grec (384-322 av. JC).
97. Jean-Marc Daniel, économiste français, professeur, écrivain, journaliste (revue Sociétal) lors d'un débat à Nice, en mai 2015.

rêvant d'un monde juste et solidaire autant que d'être toujours plus riche et dominant lui-même.

Cette fatalité d'une nature humaine cupide, jalouse, égoïste et dominatrice alimente depuis l'Antiquité le débat entre riches et pauvres. Ce questionnement culmine au Moyen-Âge où l'accumulation de richesses est considérée comme un vice moral et politique majeur. A fort ancrage religieux, notamment à travers l'idéal franciscain et stoïcien de la pauvreté, cette perception est à peine tempérée par Thomas d'Aquin[98] pour qui l'accumulation de richesses est admise par Dieu comme nécessaire à la vie, et utile au développement de la vie morale en encourageant la liberté d'entreprendre.

L'idéal de pauvreté au Moyen-Âge ne s'est pas cantonné au monde religieux, mais a aussi pénétré la pensée laïque et politique, notamment en Italie. Ptolémée de Lucques[99], disciple de Thomas d'Aquin, évoque la pauvreté de Scipion l'Africain, la modestie de Caton, et le travail agricole de Cincinnatus, pour démontrer que la puissance de Rome repose sur le choix des Romains de vivre dans la pauvreté et la simplicité. La possession de biens engendre, selon lui, le désir de posséder toujours plus, et conduit les hommes à tromper, mentir et tricher, voire à s'entre-tuer.

Le débat sur la valeur morale des affaires est également très présent pendant la Renaissance, à Florence, où les marchands empruntent de l'argent pour développer leurs activités, font appel à l'épargne, et font fructifier leur argent. En 1343, la commune de Florence a converti elle-même des emprunts forcés en rentes perpétuelles, assurant

---

98. Thomas d'Aquin (1224-1274), moine dominicain français, auteur de nombreux textes dont Somme théologique.
99. Ptolémée de Lucques (1236-1327), théologien italien, moine dominicain, disciple de Thomas d'Aquin.

à ses créanciers un revenu annuel de 5 %, à titre de dommages et intérêts.

Alors que l'usure est formellement prohibée par les théologiens, le questionnement des élus et des marchands, face à cette interdiction religieuse, s'exprime à travers le récit d'un dîner florentin offert par la famille Peruzzi, au cours duquel l'un des convives déclare : *J'ai fréquemment considéré qu'en fonction du bien de la communauté et des particuliers, il est nécessaire que l'argent existe pour pourvoir à de nombreux besoins qui, sans lui, seraient mal satisfaits, et je remarque aussi que chacun désire et veut être riche selon ses capacités. Aussi, je vous demande de me dire combien il y a de procédés pour s'enrichir de façon honnête, et pourquoi l'usure est si sévèrement blâmée et prohibée par notre foi et par toutes les religions et les sectes en général ?* [100]

Le discours théologique évolue au début du XVème siècle sous la plume d'Antonin, archevêque de Florence, qui, à la suite d'Aristote, nie que l'argent puisse être productif, mais accorde au capitalisme la possibilité de faire fructifier un patrimoine grâce au labeur des autres. Il recommande de ne pas laisser ces richesses inemployées et abusivement réservées à une minorité. Cette reconnaissance de la dignité morale des affaires prononcée par quelques religieux, en appui de la pensée d'Aristote, alors très en vogue à Florence, rassure les marchands.

Pour autant, l'Eglise dénonce fermement certains des trafics fort lucratifs qu'ils pratiquent de façon courante, ce qui entretient le doute sur le statut moral de l'accumulation des richesses. Tout au plus les marchands peuvent-ils se rassurer en observant une relative

---

100. Dominique de Courcelles, directrice de recherche au CNRS, ENS de Lyon, Culture, religion, économie (2011).

convergence entre l'enseignement d'Aristote et celui de religieux tels que Thomas d'Aquin et Antonin pour qui l'accumulation des richesses doit être faite au nom d'une générosité pleine de discernement, en vue du bien-être de la collectivité.

Subtilement, on voit naître, alors, le lien qui va réunir la classe dirigeante et les marchands, les fortunes privées et le budget public. La richesse, pour autant qu'elle soit bien acquise, donne en effet les moyens de faire le bien autour de soi, à l'égard de sa famille, de ses amis et de la collectivité tout entière. Apparaît ensuite le triptyque de la morale économique : l'éthique qui guide l'individu dans sa conduite ; l'économie qui lui permet d'administrer et de gérer son foyer ; la politique qui lui permet d'agir au profit de la cité.

Les frontières entre l'éthique et l'économie deviennent ténues. La richesse est décrite comme un moyen de faire le bien autour de soi. C'est un argument clé contre les stoïciens : la pratique des vertus est vaine sans moyens ; les stoïciens n'envisagent les êtres humains que comme des âmes, alors qu'Aristote et quelques religieux les conçoivent comme âme et corps, et proposent une vision morale de l'accumulation des ressources financières.

Dans cette relation entre politique et économie, Aristote, après avoir distingué ces deux sphères de la vie publique, affirme que la cité se compose d'une multiplicité de maisonnées, suffisamment dotées en terres et en argent pour garantir à leurs habitants la *vie bonne*. Il rappelle que, dans le cas contraire, la cité court à sa ruine, et que c'est en vue du *bien-vivre* qu'elle a été fondée. La frontière entre politique et économie disparaît alors puisque l'existence même de la cité dépend de la capacité de chacun à bien administrer son domaine, mais aussi des échanges de biens réalisés entre chaque maisonnée, grâce à l'argent qui devient un outil au service du bien commun.

Dans cette vision, les citoyens se réunissent dans une même communauté, afin de recevoir de quoi bien vivre, dans la mesure où, au sein d'une même communauté, ce qui manque à l'un, l'autre le lui fournit. Puisque telle est la finalité poursuivie par les hommes qui se réunissent ensemble, et puisque la communauté se dissout, si elle est dépourvue des éléments qui garantissent cette suffisance, on peut dire que l'argent permet à la cité d'exister et de perdurer. Là se situe la base de la fiscalité, source de solidarité et de fraternité.

Ainsi, le comportement privé, qui consiste à poursuivre les richesses, ne peut plus être seulement envisagé d'un point de vue moral. Il doit l'être aussi d'un point de vue politique, c'est-à-dire en partant des conditions d'existence, de maintien et de puissance de la cité. La politique a tout intérêt à favoriser la poursuite privée de la richesse, afin de garantir à la cité les conditions de sa prospérité et de sa richesse. On passe alors définitivement d'un gouvernement populaire communal, qui repose principalement sur le nombre des habitants de la cité, à un gouvernement aristocratique confié aux riches. C'est l'une des ruptures majeures initiées par la Renaissance : Le commerce devient le principal enjeu du pouvoir.

Cette suprématie de la diaspora florentine à travers l'Europe repose sur les qualités proprement florentines de l'époque, c'est-à-dire l'ardeur au travail, la rapidité et l'habileté dans l'action, la solidarité, la capacité à faire face aux retournements de la fortune. C'est grâce à elles que les Florentins rencontrent le succès dans le gouvernement de l'État, mais aussi dans l'administration et la gestion des affaires. Marchands, commerçants, négociants et artisans sont les héros de Florence. Les richesses qu'ils accumulent rendent possibles l'exercice des vertus et le bonheur privé, la paix par le négoce, ainsi que l'aisance, le bien-être et la grandeur de la cité. Tous les citoyens en profitent, en regard de leur implication.

Avant Florence, les villes de la ligue hanséatique avaient développé dans le nord de l'Europe une économie très prospère qui reposait sur les privilèges de quelques grands marchands. Les traités de Westphalie, en 1648, ont mis fin à cette organisation qui ne redistribuait pas suffisamment les richesses accumulées, au goût des politiques en charge des Etats-nations.

Pendant les trois siècles suivants, les Etats-nations se sont développés en se faisant la guerre et en conjuguant plus ou moins harmonieusement l'économique et le politique, notamment sous son aspect social. Les enjeux du commerce, même s'ils n'étaient pas la seule source des guerres, étaient largement présents dans les conflits qui ont émaillé cette période de l'histoire humaine.

La financiarisation de l'économie, facilitée par l'outil numérique, a désormais pris le pas sur les Etats-nations et ce sont désormais les entreprises multinationales, cotées en bourse, qui dominent l'économie et bousculent les Etats-nations dans leurs choix politiques. Beaucoup affichent leur volonté de promouvoir le bien-être et la prospérité des citoyens du monde, mais peinent à résister aux lois d'un marché toujours plus compétitif, vulnérable, incertain, complexe et ambigu, ce que les chercheurs anglo-saxons qualifient de monde VUCA.

La quête de l'équilibre entre sens et finances reste un sujet majeur.

Au Moyen-Âge, Thomas d'Aquin, dans cette recherche, distingue, au nom de l'Eglise catholique, sept péchés capitaux : *l'avarice, la colère, l'envie, la gourmandise, la luxure, l'orgueil et la paresse*. Il pense que tous les sentiments sont par nature « jouissifs », et que c'est pour cela qu'ils se transforment généralement en actes. Certains de ces actes séduisent autant qu'ils détruisent. L'enseignement de Thomas d'Aquin s'appuie sur celui de Saint Augustin qui a fait du péché originel la source de la doctrine de l'Eglise catholique, présentant l'être humain comme irrémédiablement voué au péché. On sait les dégâts engendrés par cette vision négative de l'Homme.

Pour le baron d'Holbach [101], inspirateur de la Révolution française, la morale est d'abord civique et se rapporte au patriotisme : « *Le patriotisme véritable ne peut se trouver que dans les pays où les citoyens libres, et gouvernés par des lois équitables, se trouvent heureux, sont biens unis, cherchent à mériter l'estime et l'affection de leurs concitoyens.* »

Pour le philosophe André Comte-Sponville[102] dans *Le Capitalisme est-il moral ?*, il convient de distinguer la morale et l'éthique. Il se réfère en cela à Spinoza et à Kant qui attribuent à la *morale* tout ce que l'on fait par *devoir* (de l'ordre de la volonté), et à l'*éthique* tout ce que l'on fait par *amour* (de l'ordre du sentiment).

Paul Ricoeur[103] adopte une distinction quasi similaire dans *Soi-même comme un autre* : l'éthique correspond à la recherche de son bonheur, la morale intervenant en support de l'éthique, par le biais de normes destinées à être universalisées. L'éthique est donc une estime de soi-même et reste subjective (approche que l'on retrouve chez Aristote), tandis que la morale renvoie au respect de soi-même, dans les normes que l'on s'impose à soi et donc aux

---

101. Paul-Henri Thiry d'Holbach, savant et philosophe allemand (1723-1789), dans Ethocratie, ou le gouvernement fondé sur la morale (1776).
102. André Comte-Sponville, philosophe français, né en 1952, dans Le capitalisme est-il moral ? éditions Albin Michel (2004).
103. Paul Ricoeur, philosophe français (1913-2005) dans Soi-même comme un autre, septième étude, Points-Essais n° 330 (1990).

autres. On retrouve, ici, la morale telle que la présente Kant dans les *Fondements de la métaphysique des mœurs* : c'est le fait d'agir par devoir qui rend une attitude morale.

Aujourd'hui, la plupart des débats contemporains sur la morale et l'éthique concernent les droits de l'Homme, la responsabilité dans les domaines techniques et scientifiques, la bioéthique, l'éthique des affaires, la responsabilité environnementale et sociétale des organisations, la reconnaissance de la diversité des opinions et des croyances, les droits des minorités, et même les droits des animaux. Le mot *éthique* est préféré à celui de *morale* qui paraît trop injonctif alors que les libertés individuelles sont considérées comme primordiales.

Mais qu'est-ce que l'éthique ?

Aristote disait de l'éthique qu'elle était le résultat *du bien-être de soi et des autres, et la recherche des moyens d'y parvenir.*

Pour parler de l'éthique, je vais tenter de répondre à la question : Pourquoi le dirigeant doit-il être éthique ?

Le rôle du dirigeant est de rechercher et trouver des solutions aux problèmes rencontrés par l'entreprise dans son fonctionnement, de prendre les décisions appropriées à la résolution de ces problèmes, puis de faire appliquer ces décisions par l'ensemble des collaborateurs de l'entreprise. Pour assurer cette responsabilité, le dirigeant s'appuie le plus souvent sur un ensemble de valeurs qu'il partage avec ses collaborateurs.

La plupart du temps, les entreprises possèdent un référentiel de valeurs mutuellement acceptées, et surtout partagées, qui transcendent celles de leurs dirigeants autant que celles de leurs collaborateurs. Celles, qui en sont dépourvues, connaissent souvent de sérieuses difficultés, notamment la démotivation et la perte de confiance de leurs collaborateurs.

L'authenticité de la culture et des valeurs d'une entreprise doit se retrouver dans son fonctionnement quotidien, dans ses relations avec ses actionnaires, ses fournisseurs, ses compétiteurs, ses équipes et ses clients. L'entreprise est en effet un écosystème inscrit dans un système plus vaste, le marché, dans lequel elle fait la différence par sa singularité et ses performances, lesquelles sont étroitement liées à ses valeurs. Ces valeurs constituent des pôles de sécurisation, qui sont autant de points de repère pour tous les acteurs et partenaires de l'entreprise.

Ces valeurs doivent être débattues régulièrement, réellement appliquées, et ne pas rester de vaines incantations. Elles sont portées par les dirigeants qui doivent se les approprier, les pratiquer et les faire pratiquer. Toute distorsion entre le discours et les actes devient rapidement source de défiance envers les dirigeants

Les aspects sociaux représentent, dans toutes les entreprises, des sources potentielles de friction. Assez logiquement, on retrouve en tête des facteurs favorables à l'image des entreprises, leurs dimensions sociales et sociétales. Ainsi, aux yeux des Français, la lutte contre le chômage et le maintien de la production en France sont des facteurs clés.

Aucun dirigeant sérieux n'oserait aujourd'hui écrire, comme le faisait l'économiste libéral Milton Friedman au début des années soixante-dix, que *l'unique responsabilité sociale de l'entreprise est d'accroître ses profits*[104], ou pire encore, ce que disait Margaret Thatcher : *Qu'importe que les mineurs soient heureux, pourvu qu'ils produisent.*[105]

Qu'est une entreprise sans l'implication des hommes et des femmes qui en assurent les résultats ? Ils et elles sont la première richesse de l'entreprise, et l'oublier peut coûter très cher, bien plus cher que l'augmentation de tel ou tel coût de production !

Un dirigeant éthique place l'humain au cœur de ses préoccupations et, comme le suggère Aristote, veille, avant toutes autres choses, à son bien-être et à celui de ses collaborateurs. De ce bien-être partagé procèdera la performance de l'entreprise. Bien plus que technique ou économique, l'entreprise est d'abord une aventure humaine.

Aujourd'hui, le monde financier est plus que jamais interpellé, notamment sur la question des paradis fiscaux, ceux de l'évasion fiscale et du blanchiment de *« l'argent sale »* que les Panama Papers ont mis en évidence, en avril 2016, mais aussi sur l'aléa moral, celui des acteurs financiers qui prennent des risques parfois inconsidérés, parce qu'ils savent, qu'ils seront secourus, si leurs propres difficultés entraînent un risque général (cf. affaire Kerviel et de la Société Générale, en 2014).

Que dire de l'accumulation par 80 *« ultra riches »* qui détiennent plus de la moitié de la richesse mondiale, laquelle a doublé entre 2000 et 2015.

---

104. Milton Friedman, économiste américain (1912-2006), prix Nobel d'économie, en 1976, défenseur du libéralisme économique.
105 . Margaret Thatcher, femme d'Etat britannique (1925-2013), Premier ministre de 1979 à 1990, à la chambre du Parlement, lors de la grève des mineurs en Grande-Bretagne, en 1984-1985.

31 millions de millionnaires en dollars (14 millions aux Etats-Unis, 10 millions en Europe et 7 millions en Asie-Pacifique) se partagent 46% de la richesse mondiale, tandis que 40 pays sur 172 connaissent un chômage de masse supérieur à 10% de leur population active, et que 10% de la population mondiale, soit plus de 800 millions d'individus, vivent sous le seuil de pauvreté.

On ne peut que se féliciter de voir se multiplier des alternatives à l'accumulation des richesses par un petit nombre d'ultra riches, telles que les formules de microfinance et microcrédit, de finance solidaire, de banque éthique, d'investissements socialement responsables. Toutes proviennent d'une démarche éthique qui cherche à donner du sens à la finance et à responsabiliser l'investissement. Elles font appel à des considérations extra-financières liées à l'environnement, à la lutte contre la précarité, à la protection de la santé et à la promotion de l'emploi.

La place occupée par ces considérations reste hélas très limitée. En France, l'épargne consacrée à l'investissement socialement responsable (ISR) s'élève à un peu plus de 67 milliards d'Euros, fin 2014, soit à peine plus de 2 % du patrimoine financier des Français. Les placements d'épargne solidaire et de partage ne représentent, quant à eux, que 3 milliards d'Euros d'encours de placements.

Hélas, toutes ces initiatives ne constituent pas en elles-mêmes un véritable instrument de régulation et de stabilisation de la finance mondiale, qui reste essentiellement spéculative.[106]

Alors oui, l'argent est un merveilleux outil, dès lors qu'il est au service des hommes, de tous les hommes. Le développement de l'économie collaborative, sociale et solidaire, et la multiplication des fondations caritatives

---

106. Source : www : lafinancepourtous.com

financées par des milliardaires sont des signes encourageants de la recherche d'un équilibre moral, mais tellement insuffisants.

Le partage de l'avoir, du pouvoir, du savoir et du vouloir reste le défi à relever pour que riment sens et finances, pour que la démocratie sociale prenne le pas sur la spéculation financière et ses excès mortifères pour l'humanité.

EPILOGUE

Le vent se lève ! Il faut tenter de vivre ![107]

Le vent qui se lève est celui de deux phénomènes majeurs et disruptifs qui marquent notre époque[108] :
- Un monde redevenu vulnérable, incertain, complexe et ambigu (VUCA)
- Une tentation forte au repli identitaire de celles et ceux qui craignent le chaos de ce changement et tentent désespérément de protéger leurs acquis.

Je dis *redevenu* VUCA car, à l'exception notable de la période dite de la guerre froide, durant laquelle le monde était bipolaire, orchestré par un face-à-face Est-Ouest, court intermède qui n'a duré qu'un demi-siècle, une nanoseconde dans la longue histoire de l'humanité, le monde est de nouveau multipolaire, sans cesse à la recherche d'un équilibre entre ordre et désordre, guerre et paix, richesse et pauvreté, écologie et développement économique, etc.

Cultures, religions, croyances philosophiques et politiques se mêlent et s'entrechoquent au gré des intérêts convergents ou divergents des peuples et des États, des entreprises multinationales, mais aussi des mafias et des organisations terroristes qui s'affranchissent de toutes les lois qui régulent les relations entre nations.

Au cœur de ce désordre apparent, il y a Internet et les réseaux et médias numériques, outils premiers d'un monde *cyber* et *uber* qui permet à un individu, à tout instant,

---

107. Paul Valéry, écrivain, poète et philosophe français (1871-1945), dans Le cimetière marin, (1920).
108. Article d'Olivier Lajous publié dans la Revue Inflexions. (N° 33, septembre 2016).

n'importe où dans le monde, d'en mobiliser des milliers d'autres et de perturber ainsi le fragile équilibre du secteur ciblé par cette mobilisation.

Ce même outil permet la création de multiples applications pour *Smartphone*. Il fait trembler les plus grandes entreprises confrontées à une concurrence d'un nouveau type. Les États eux-mêmes sont exposés au surgissement de ces applications et tentent de les inscrire dans un *corpus* législatif bien délicat à trouver.

Les corporatismes restent puissants, et les inquiétudes sont partout, alimentant des comportements souvent violents.

Les conflits locaux sont nombreux, jetant sur les routes, terrestres, maritimes et aériennes, des milliers de migrants que les mafias et les organisations terroristes exploitent habilement. L'exode de ces malheureux, qui fuient la folie meurtrière des factions s'opposant dans les villes et les villages de leurs pays, pose, à l'Europe en particulier, un cruel cas de conscience : comment les accueillir et leur permettre de vivre dignement dans des pays aux équilibres économiques et sociaux fragilisés par une compétition des marchés particulièrement agressive ?

De fait, le monde VUCA bouscule et questionne la stratégie, l'organisation et les méthodes de toutes les institutions, qu'il s'agisse des gouvernements, des administrations, des armées, des entreprises, des associations, etc. Toutes sont confrontées à l'accélération du changement de leur modèle économique, à l'apparition de nouveaux entrants sur tous les marchés et tous les territoires par le biais de l'ubérisation et de la robotisation. Quelle place pour l'Homme dans ce paysage ? Est-ce la fin du salariat et du modèle de l'entreprise taylorienne ?

L'instantanéité plurielle est le nouveau *tempo* de nos existences, ignorant les frontières entre nos vies personnelles et professionnelles, abolissant les distances et le temps. L'agilité et la fragilité en sont les deux caractéristiques premières.

Face à ce bouleversement du monde, comment se libérer, ou s'enrichir mutuellement de nos certitudes, de nos préjugés et de nos habitudes ? Comment vaincre l'inertie naturelle des organisations ? Comment inciter les *egos* à lâcher prise, à passer d'un mode hiérarchique à un mode collaboratif ? Comment répondre au besoin naturel de sécurité individuelle, tout en portant une vision commune, ce que je résume en parlant de l'articulation du JE-NOUS ? Comment former les *leaders* à la pratique des passeurs, au partage de l'avoir, du pouvoir, du savoir et du vouloir, tout en restant guides dans l'action et sa préparation ?

Telles sont les questions fondamentales que me posent les dirigeants des nombreuses entreprises qui me sollicitent pour leur exposer les pratiques de la vie en équipage, à bord des navires de la Marine nationale.

Le modèle des armées, longtemps considéré comme atypique, est désormais régulièrement cité en exemple dans le monde de l'entreprise. Le sens des missions, la clarté des règles du vivre et travailler ensemble, ainsi que la pertinence des organisations et des méthodes de *management* et de commandement dans les armées font écho auprès des dirigeants. Pourquoi cet engouement actuel et récent pour un modèle longtemps ignoré, voire raillé ?

Une fois le mur de Berlin tombé et le monde redevenu multipolaire, les armées ont été amenées à revisiter en profondeur leurs modèles. Cette mutation, conduite dans les années 1990 à 2000, a été marquée par leur professionnalisation suite à la décision du président Jacques Chirac de suspendre le service militaire obligatoire pour tous les jeunes hommes français.

Sous la pression des contraintes économiques et environnementales qui s'imposaient à l'ensemble des pays européens, les armées se sont adaptées à de nouveaux modes de gestion de leurs ressources, à la multiplication des opérations extérieures, en Afrique, en Europe et au Proche-Orient. Désormais confrontées non plus à des armées régulières, mais à des organisations terroristes et mafieuses, elles ont appris à dérouler de nouveaux modes d'action dans un environnement toujours plus interarmée, interministériel et international.

Tout n'est pas parfait dans ce nouveau modèle, mais il s'est mis en place progressivement, avec courage et persévérance, et il continue de s'adapter à la réalité et aux nouveaux déséquilibres des conflits dits asymétriques. Cela demande du temps, car les remplacements d'équipements ne peuvent se faire que progressivement, à l'aune de leurs coûts et des défis techniques à relever. Les armées ont cependant su maintenir un haut niveau d'exigence dans la préparation et la formation des hommes et des femmes appelées à servir sur les théâtres d'opérations extérieures. Les militaires français sont unanimement reconnus pour leurs qualités professionnelles par les alliés de la France et l'Organisation des Nations Unies.

Ainsi, le modèle de cette mutation réussie est riche d'enseignement pour les entreprises aujourd'hui confrontées aux menaces de type asymétrique des acteurs de l'ubérisation. Comme les armées l'ont été, une fois le mur de Berlin tombé, elles sont amenées à revisiter en profondeur leurs modes d'organisation et d'action.

Comme les armées, elles doivent agir dans le monde VUCA et trouver des réponses adaptées à une compétition internationale particulièrement violente et imprévisible.

Comme les armées, leurs actions s'inscrivent dans un monde toujours plus exigeant sur le sens, la responsabilité sociale et environnementale, dans un contexte économique, politique, social et financier très volatile. Le temps des grandes sagas entrepreneuriales, qui permettaient une croissance régulière et la pérennisation des entreprises sur plusieurs décennies, est révolu.

Comme les armées, elles doivent sans cesse s'adapter, être agiles et se savoir fragiles, face à des menaces difficiles à combattre.

Avec les armées, elles partagent le défi de la sécurité, source première de leur capacité à se développer.

Enfin, comme les armées, elles ne peuvent durablement réussir qu'en accompagnant la mobilisation et l'engagement des hommes et des femmes qui travaillent à leur performance.

Cela passe par des modes de *management* exigeants et bienveillants, porteurs de sens, permettant le développement personnel, la promotion interne, l'égalité des chances, la diversité des parcours et des profils, la détection et la promotion des talents.

Les principaux défis à relever dans les prochaines années, pour toutes ces organisations, me semblent être les suivants :

Ubuntu

Les organisations sont toutes à la recherche du juste équilibre entre l'autonomie des JE et la définition d'un NOUS. A l'image du genou de notre corps, le JE NOUS est une articulation majeure de la performance des organisations, de leur agilité, pour s'adapter sans cesse au monde VUCA.

Plus les JE sont autonomes, responsables, motivés et engagés dans un NOUS co-construit, plus il y a de la performance. Il y a là une question clé pour les organisations, si elles veulent attirer les jeunes talents très soucieux de leur autonomie, et très exigeants sur le sens du NOUS qu'ils veulent co-construire.

Le bonheur au travail

Les jeunes générations, Y et Z, refusent de se laisser enfermer dans un modèle économique et social du travail qui leur paraît aliénant, les obligeant à sacrifier leur vie personnelle à leur vie professionnelle.

Ils sont 63% à penser que l'entreprise d'aujourd'hui est un modèle daté qu'il faut révolutionner *(sondage opinionway de juin 2015)*. Ils veulent équilibrer vie personnelle et vie professionnelle et se réaliser dans les deux, sans les opposer. Ils sont prêts à se mobiliser, dès lors que le travail demandé a du sens, qu'il est *« kiffant »* et qu'il se déroule dans un climat apaisé et inspirant.

Le bonheur au travail est un facteur clé de leur mobilisation. L'économie circulaire, collaborative, le partage, l'usage plus que la possession, et la responsabilité sociale et environnementale sont autant d'attentes que les organisations doivent prendre en compte, pour attirer les jeunes talents.

Le temps

Le temps est un élément majeur de notre bien-être. Alors que la révolution numérique nous fait vivre au rythme de *l'instantanéité plurielle,* celui des *Smartphones* qui donnent accès, n'importe où et n'importe quand, à toutes sortes d'informations et d'applications permettant d'apprendre, de se déplacer et de consommer, il faut pouvoir repenser la notion du temps de travail, et faciliter, chaque fois que l'activité le permet, le travail à distance et la flexibilité des horaires, pour redonner du temps au temps, éviter les concentrations humaines dans les mêmes lieux et avec les mêmes horaires, conditions qui sont sources de stress et de pollution.

Sous la pression d'un temps mal géré, les *burn-out* sont fréquents et fragilisent la performance des organisations. Osons réinventer un nouvel équilibre du temps de travail pour mieux vivre le temps d'entreprendre.

La formation

La formation reste un enjeu majeur pour faire face à la révolution des métiers. Entre 50 et 60% des métiers actuels auront disparu et seront remplacés par de nouveaux métiers, en 2050, voire dès 2030. Il faut résolument investir dans la formation continue, les MOOCs et le partage du savoir entre pairs au sein de chaque entreprise.

La mobilité professionnelle, l'agilité et la flexibilité passeront par toujours plus de formation continue. De nouveaux métiers sont déjà au coeur de l'univers des entreprises 2 et 3.0: *architecte big data, chief data officer, community manager, content curator, data scientist, e-merchandiser, growth hacker, traffic manager, UI designer, UX designer, etc...*

La diversité

Les identités culturelles et cultuelles s'affirment de plus en plus dans le monde du travail. Elles sont sources de perturbations dans l'activité quotidienne, et génèrent parfois des conflits. Quelle place leur donner au sein d'organisations toujours plus internationales, multi culturelles et cultuelles ? Quelles bonnes pratiques existent dans ce domaine ? Comment concilier travail et croyances ? De nombreux groupes réfléchissent à ces questions et méritent d'être soutenus dans leurs travaux, la laïcité étant sans aucun doute une des clés, mais elle est encore loin d'être comprise et acceptée par toutes les communautés !

Le big data

Le *big data* est devenu l'or noir des organisations. Il permet de suivre une personne dans ses déplacements, ses achats, ses *surfs* sur internet, ses échanges téléphoniques, etc. pour mieux répondre à ses besoins de client. Cette intrusion dans la vie personnelle présente des avantages certains, mais aussi des risques. Comment et pourquoi réglementer l'usage des données du *big data* ?

Les récents refus d'Apple, pour autoriser l'accès à des données présentes sur les cartes SIM de téléphones ayant été utilisés par de présumés terroristes, sont l'un des signaux d'alerte sur la sensibilité de ces sujets, sans oublier les drames humains, notamment chez les adolescents, causés par les insultes, calomnies et images dégradantes circulant sur les réseaux, et bien sûr l'usage habile de ces réseaux par les organisations terroristes et mafieuses pour recruter leurs séides.

L'homme plus

En 2100, les robots et les automates intelligents auront libéré l'Homme des tâches répétitives et fatigantes. L'Homme Plus vivra plus longtemps (100 ans et plus) en bonne santé, ses capacités seront décuplées par l'accès à toujours plus de connaissances, d'informations, de possibilités de se déplacer, de consommer et de partager.

L'Homme Plus, autonome, responsable et solidaire, sera le premier entrepreneur de sa vie. L'économie du partage, de l'usage plus que de la propriété, collaborative et circulaire, aura remplacé celle de la surproduction et de la surconsommation.

L'éthique sera au cœur de cette évolution de l'humanité pour éviter une fracture entre riches et pauvres dans le partage du pouvoir, du savoir, du vouloir et de l'avoir.

Les enjeux environnementaux de gestion des ressources en eau, métaux, minerais, énergies durables et produits alimentaires seront au cœur des relations entre populations. La lutte contre le réchauffement climatique restera un défi commun.

La coopération entre public et privé, gouvernements et entreprises multinationales, et le développement des territoires à travers une vision glocale (globale et locale) seront au cœur des enjeux de la gouvernance politique des Etats.

Les médias et les réseaux sociaux sur le Net seront leurs alliés, nouveaux *Robin des Bois* ou *Lucky Luke* devenus *Wikileaks* ! La e. réputation sera un facteur clé pour toutes les organisations et institutions.

Les questions identitaires, cultuelles et culturelles, potentiellement sources de conflits et de migrations massives d'un continent vers l'autre, resteront un défi majeur.

La famille, sous ses différentes formes (homoparentale, monoparentale, recomposée, etc.), sera plus que jamais le cercle de la solidarité et de l'entraide entre générations, notamment envers les personnes âgées qui seront nombreuses dans les pays développés. Leur prise en charge sera un enjeu économique et social majeur, en particulier pour les acteurs de la santé.

La médecine aura trouvé des solutions pour traiter les maladies dégénératives, affectant les cellules du corps humain, saura traiter les grandes pandémies et épidémies qui resteront une menace, et sera toujours confrontée à des questions éthiques majeures : quel juste équilibre trouver entre les manipulations génétiques et le respect de la vie naturelle ?

Le transhumanisme sera au cœur des réflexions sur la condition humaine, ainsi que l'usage des biotechnologies et nanotechnologies dans la lutte contre la souffrance, la maladie, le handicap, le vieillissement, et, plus globalement, l'amélioration des capacités intellectuelles et physiques de l'Homme.

Le concept de *singularité technologique*, déjà à l'œuvre avec l'*ALPHAGO* de *Google* et le projet *Blue Brain* de conception d'un cerveau synthétique par l'Ecole polytechnique fédérale de Lausanne, en Suisse, fera de l'intelligence artificielle un enjeu majeur, en posant la question de la place de l'Homme dans la conduite des affaires du monde.

Le cauchemar d'une humanité dépassée par ses créations technologiques sera-t-il devenu réalité, ou au contraire définitivement écarté, l'Homme ayant réussi à maintenir l'intelligence artificielle sous son contrôle ?

Inlassablement, le torrent de la vie emportera l'humanité dans un flot tumultueux, et l'Homme Plus continuera de chercher un fragile et agile équilibre dans les déséquilibres de sa condition humaine.

A quoi ressemblera l'Homme de 2100 ? Jusqu'où poussera-t-il son rêve d'immortalité ? Ressemblera-t-il au personnage d'*ET* de Spielberg, ou au personnage *Primo Posthuman,* doté d'un corps *alternatif* mêlant organes humains, biotechnologies et nanotechnologies, tel que l'imagine l'une des figures majeures du transhumanisme aux Etats-Unis, l'Américaine Natasha Vita-More ?

A cette vision transhumaniste de l'avenir, qui conduirait potentiellement à l'immortalité de l'Homme, je préfère celle d'une bascule du XXIème au XXIIème siècle, qui verrait la Noosphère, telle qu'imaginée par Pierre Teilhard de Chardin, devenir peu à peu une réalité, l'Homme restant mortel, afin de ne jamais oublier que la vie est d'une motivante et inspirante fragilité et agilité. La Noosphère est l'avènement d'une conscience humaine qui, devenue glocale (globale et locale), permettra la coopération entre de multiples et diverses communautés. Toutes ont un destin commun : celui d'une Humanité appelée à partager l'équilibre agile et fragile du vivant, dans le déséquilibre de l'UNIVERS.

« *Si vous voulez aller sur la mer, sans aucun risque de chavirer, alors n'achetez pas un bateau, achetez une île ! »*[109].

Par ce clin d'œil, je termine cet essai que je dédie à mes petits et arrière-petits-enfants, et plus particulièrement au petit Edouard (2012-2014+). Que les forces de l'espérance, de la confiance et de l'Amour portent en elles le rêve d'une vie *noosphérique* bien plus que transhumaniste.

---

109. Marcel Pagnol, écrivain, dramaturge et cinéaste français (1895-1974), dans Fanny (1931).

POSTFACE

Emmanuelle Duez

« L'éthique, c'est l'esthétique du dedans. »

Voici ce que nous dit Pierre Reverdy, dans une magnifique formule, qui pourrait servir de sentence inaugurale, de devise de route, de conclusion triomphale. A l'inverse de la morale, que l'on imagine grondante, suprême et extérieure, Reverdy nous livre une très douce définition de l'éthique, qu'il loge au plus profond de chacun : *dedans*. Quand bon, beau et bien se confondent, éthique et esthétique se rejoignent.

C'est là que réside le message de l'ouvrage, dans la différence faite entre morale et éthique, et dans la proposition de remplacement de la première par la seconde au sein de l'entreprise.

En effet, et bien évidemment, toute organisation se doit de réclamer de la part des collaborateurs un certain nombre de bonnes pratiques, de bonnes façons de faire, pour fonctionner en interne et s'assurer un profit minimal (que les collaborateurs ne volent pas le matériel, qu'ils n'abusent pas de leur droit de grève, etc.) et même pour porter un discours positif, hors des frontières de l'entreprise : c'est tout le principe de la Responsabilité Sociétale des Entreprises (ne pas trop polluer, ne pas discriminer à l'embauche, etc.). Ces bonnes façons de faire, ces comportements exemplaires le sont à l'aune du socle de valeurs de l'entreprise.

Chaque entreprise est dotée d'une personnalité, de qualités et de défauts, de croyances et de convictions qui structurent ce qu'elle est, et fédèrent ceux qui font. « Le deal », soit le contrat psychologique que passe un collaborateur avec une entreprise donnée, repose sur un échange de bons procédés, j'adhère *à cette aventure collective et mettrai à disposition ma force de travail, mes idées, ma créativité, mon temps, mon énergie et ... parfois mon cœur.*

Effectivement, de plus en plus, s'engager pour une entreprise est un engagement de cœur, en échange de valeurs, déclinées, respectées, alignées et incarnées dans et en dehors de l'entreprise. Les nouvelles générations de collaborateurs, enfants de la précarisation du marché de l'emploi, n'attendent plus de l'entreprise ce qu'elle n'est (de toute façon) plus en capacité de leur donner : la sécurité matérielle et psychologique de se projeter sur le long terme et de réussir sa vie à côté, grâce à l'entreprise.

Pour se donner, la jeunesse d'aujourd'hui et de demain a plus que jamais besoin d'adhérer, de comprendre ce que l'Entreprise est, profondément. *A quoi je sers moi, quand je te sers toi, Entreprise ?* Ce verbatim entendu en mission est révélateur et symptomatique de cette quête inextinguible de quelque chose qui nous dépasse, qui justifierait « l'engagement » pour une entreprise, alors que les promesses se délitent, que le temps se raccourcit, que les compétences se périment de plus en plus vite, et que l'impératif de réinvention permanent se fait jour.

Mais comment l'entreprise prend-elle en charge les valeurs ? Comment les traduit-elle ? Comment faire transiter la bonne parole et les bonnes façons de faire dans l'entreprise ? Comment ne pas rester à l'état de pétition de principe, que tous connaissent, mais qui n'habite personne ? Jusqu'alors, cette mission de traduction du socle de valeurs se faisait sur le mode de l'injonction morale, dont la grande figure était le règlement intérieur.

Le règlement intérieur de l'entreprise, c'est le sommet de l'encadrement moral des valeurs. La pointeuse aussi, dans une certaine mesure. *Tu ne voleras pas, tu ne rentreras pas dans la zone de production sans t'être lavé les mains*, etc.

L'ordre, l'injonction, relève du domaine privilégié de la morale, par opposition à l'éthique, bien moins sacrée, bien moins sanctifiée, et au contraire beaucoup plus attachée à l'individu, flexible et respectueuse des particularités. L'éthique regarde davantage la conduite individuelle, en vue de la vie bonne, quand la morale énonce les grands principes des collectivités, indépendamment du cœur des Hommes qui les constituent.

La transition actuelle dans le management consiste à réintroduire l'éthique dans l'entreprise, et à nuancer les grandes fermetures que causent trop de principes moraux. Questionner la flexibilité, questionner les particularismes, questionner la confiance, la responsabilisation, l'exemplarité, la reconnaissance, la transparence, voilà les grandes étapes qui décrivent nécessairement le passage d'un mode de traitement des valeurs dans l'entreprise, de la morale à l'éthique.

Le monde vulnérable, incertain, complexe et ambigu que décrit Olivier Lajous ne peut se satisfaire de grands principes moraux, en lesquels on ne croît plus, et qui sont trop généraux pour embarquer sur un terrain, qui dérive tous azimuts, des individus entrepreneurs de leurs vies, plus aux manettes de leur destin que jamais. L'éthique est le remède pour réinvestir des valeurs dans la sphère de la production, et toucher le cœur des Hommes, sans pour autant individualiser les collaborateurs. Car l'Entreprise reste le lieu du NOUS, qui agglomère des JE particuliers, bien décidés à faire société. Le bien commun est le même pour tous, c'est la façon d'y parvenir qui joue, qui importe.

Le présent ouvrage examine tour à tour les grandes clés nécessaires pour déplacer les valeurs de la morale à l'éthique : la reconnaissance, l'humour, la confiance, la responsabilité, et surtout, le sens. Là où la morale se passe de justification *(tu seras circoncis, tu jeûneras une fois l'an)*, l'éthique en fait sa propre clé de voûte. Adieu les principes péremptoires, dont la rigueur extrême se satisfait mal des coups du sort. Le passage de la morale à l'éthique, c'est le passage du comment au pourquoi, des ordres qui prescrivent au sens qui oriente, de l'injonction au choix. Tout est là.

Il ne faudrait pas, pour conclure, s'en tenir à une définition trop restreinte de l'éthique. Ce n'est pas une recette miracle, un succès annoncé sans chausse-trappe. C'est avant tout une exigence profonde, pour les Hommes comme les Entreprises.

Pour les premiers, il s'agit en effet de prendre ses responsabilités, adhérer ou partir, alimenter et nourrir ces valeurs de manière proactive, et quitter le confort cotonneux d'une morale qui contraint, mais évite de trop réfléchir. Car une aventure collective choisie sur la base d'un socle de valeurs partagées, ça se consolide, ça se protège, et c'est l'affaire de tous. De tous ceux qui habitent l'entreprise, comme de ceux qui en sont à la tête et qui dirigent cette personne morale, désormais dotée d'une personnalité fédératrice.

L'exigence qui s'impose à l'Entreprise Ethique, c'est de décliner en un modèle social solide et pérenne (modèle de management, de leadership, modèle RH, d'évolution et d'évaluation) ces valeurs cardinales, afin qu'elles restent gravées dans les organigrammes comme les comportements, alignant ainsi les déclarations externes sur la réalité interne. La symétrie des attentions, c'est l'ancre du navire, la courroie de transmission des valeurs, la preuve ultime d'une éthique respectée, de l'amont à l'aval de la chaine de valeurs.

Quel merveilleux et ambitieux défi que cette condition sine qua non de survie qui s'impose, ici, aux organisations de tous bords. La mission, si vous l'acceptez, est la suivante : éveiller dans les cœurs l'esthétique du dedans, savoir parler aux collaborateurs, savoir les diriger, leur accorder des marges de manœuvre, tout en s'assurant qu'aucun ne s'écarte et ne se détourne du bien ... l'art de l'équilibre appelle une vraie virtuosité !

L'HARMATTAN ITALIA
Via Degli Artisti 15; 10124 Torino
harmattan.italia@gmail.com

L'HARMATTAN HONGRIE
Könyvesbolt ; Kossuth L. u. 14-16
1053 Budapest

L'HARMATTAN KINSHASA
185, avenue Nyangwe
Commune de Lingwala
Kinshasa, R.D. Congo
(00243) 998697603 ou (00243) 999229662

L'HARMATTAN CONGO
67, av. E. P. Lumumba
Bât. – Congo Pharmacie (Bib. Nat.)
BP2874 Brazzaville
harmattan.congo@yahoo.fr

L'HARMATTAN GUINÉE
Almamya Rue KA 028, en face
du restaurant Le Cèdre
OKB agency BP 3470 Conakry
(00224) 657 20 85 08 / 664 28 91 96
harmattanguinee@yahoo.fr

L'HARMATTAN MALI
Rue 73, Porte 536, Niamakoro,
Cité Unicef, Bamako
Tél. 00 (223) 20205724 / +(223) 76378082
poudiougopaul@yahoo.fr
pp.harmattan@gmail.com

L'HARMATTAN CAMEROUN
BP 11486
Face à la SNI, immeuble Don Bosco
Yaoundé
(00237) 99 76 61 66
harmattancam@yahoo.fr

L'HARMATTAN CÔTE D'IVOIRE
Résidence Karl / cité des arts
Abidjan-Cocody 03 BP 1588 Abidjan 03
(00225) 05 77 87 31
etien_nda@yahoo.fr

L'HARMATTAN BURKINA
Penou Achille Some
Ouagadougou
(+226) 70 26 88 27

L'HARMATTAN SÉNÉGAL
10 VDN en face Mermoz, après le pont de Fann
BP 45034 Dakar Fann
33 825 98 58 / 33 860 9858
senharmattan@gmail.com / senlibraire@gmail.com
www.harmattansenegal.com

L'HARMATTAN BÉNIN
ISOR-BENIN
01 BP 359 COTONOU-RP
Quartier Gbèdjromèdé,
Rue Agbélenco, Lot 1247 I
Tél : 00 229 21 32 53 79
christian_dablaka123@yahoo.fr

Achevé d'imprimer par Corlet Numérique - 14110 Condé-sur-Noireau
N° d'Imprimeur : 131044 - Dépôt légal : août 2016 - *Imprimé en France*